Robert Stearns
Hüter der göttlichen Flamme

Robert Stearns

Hüter der göttlichen Flamme

Schlüssel zum jahrtausendealten Geheimnis eines wohlgefälligen Opfers

teamwork
Verlag, Musik + Handel GmbH

Titel der amerikanischen Originalausgabe:

Keepers of the Flame by Robert Stearns
Unlocking the Ancient Secret of an Acceptable Sacrifice

ISBN 0-9665831-4-0

Published by Kairos Publishing
PO Box 450, Clarence, NY 14031, USA

Verlag, Musik + Handel GmbH
Industriestaße 10
61191 Rosbach-Rodheim, Germany
E-mail: info@teamwork17-12.de
www.teamwork17-12.de

ISBN 3-936811-06-7

Übersetzung: Marita Wilczek
Umschlaggestaltung: Creativ.Werbe.Design.Bonnert, Friedberg
Satz: Satz & Medien Wieser, Stolberg
Druck: Breklumer Druckerei M. Siegel, Breklum

Über den Autor

Robert Stearns ist Gründer und Geschäftsführer von Eagles' Wings Ministry, einem dynamischen, teamorientierten Werk, das vielfältige Einsätze und strategische Projekte in aller Welt durchführt. Roberts Dienst entspringt einer tiefen Leidenschaft für Jesus und zeigt eine klare, prophetische Dimension. Einheit und Erweckung im weltweiten Leib Christi sind das besondere Anliegen dieses christlichen Werks, das seinen Hauptsitz in den Vereinigten Staaten und Zweigstellen in Europa hat. Robert Stearns war in 30 Ländern der Welt tätig, der Schwerpunkt seines Dienstes konzentriert sich vor allem auf den Osten Amerikas und auf Israel.

In Israel dient Robert seit vielen Jahren als Gastsprecher, Sänger und Musiker bei verschiedenen Feiern zum Laubhüttenfest und bei weiteren Konferenzen und Versammlungen. Er sang bereits vor den letzten drei Premierministern Israels, unter anderem bei einem Sonderkonzert für den ehemaligen Premierminister Benjamin Netanyahu. Er war Geschäftsführer der Initiative »The Call New York City«, die im Juni 2002 achtzigtausend Menschen in New York City zu Gebet und Fasten vereinte. Er ist Gründer und Visionär der Seminare »Lord, Teach Us to Pray« für Anbetung und Fürbitte, die verschiedene Gemeinden im Großraum New York wesentlich geprägt haben. Robert Stearns ist Mitglied des »National Mission America Coalition Committee«.

Seine kommunikative Begabung macht Robert Stearns zu einem gefragten Kolumnisten der amerikanischen Zeitschriften »Charisma« und »Ministry Today« und zu einem international bekannten Referenten. Als Autor veröffentlichte er vor »Hüter der göttlichen Flamme« das Buch »Bereitet den Weg«; als Künstler, Anbetungsleiter und Solist hat er in den letzten Jahren sieben CD-Produktionen veröffentlicht. Im Fernsehen konnte man ihn beim »700 Club« mit Pat Robertson, in »100 Huntley St.« und in »Praise the Lord« des christlichen Senders »Trinity Broadcasting Network« sowie in zahlreichen anderen Fernseh- und Radiosendungen hören.

Robert Stearns gehört zum Beraterstab der christlichen Zeitschrift »Ministry Today«; außerdem ist er Herausgeber der Zeitschrift »KAIROS«, Produktionsleiter des Radiosenders »House of David« und Geschäftsführer des »Israel Experience College Scholarship Program«.

Robert und seine Frau Ana leben mit ihrem Sohn Isaac in New York und verbringen viel Zeit in Jerusalem in Israel.

Deutsche Stimmen zu diesem Buch

Robert Stearns liebt Jesus und lebt in Freundschaft mit IHM - ich auch! Deshalb sind wir Freunde.

Ich gehe mit ihm auf die Reise, die er für »Die Flamme der Hoffnung« beschreibt. Es ist eine Abenteuerreise. Wer Langeweile und Eintönigkeit nicht mag, ist eingeladen zu dieser Reise. Eine Flamme muss begleitet und beschützt werden. Das können wir gemeinsam tun, wenn wir in Liebe verbunden sind. Dann sind wir Hüter der Flamme.

Wer dieses Buch liest, wird weiter geführt, denn unser Glaube ist ein Weg. Gehen Sie mit - nehmen Sie andere mit, dann sind wir gemeinsam »Hüter der göttlichen Flamme«. Das ist eine gute Botschaft für uns und eine lebenserfüllende Aufgabe.

Fürst zu Castell-Castell

Castell, im Oktober 2004

Die Gemeinde ist kein Auslaufmodell im Trockendock der heutigen Zeit. Sie ist der Mittelpunkt der Weltgeschichte und Kristallisationspunkt der Ereignisse der Gegenwart! Robert Stearns malt uns in seinem Buch die Vision einer Gemeinde, die uns herausfordert. Werden wir uns ihr stellen? Wie wäre es, wenn die Gemeinde Jesu von immer wieder wechselnden Wachstumsstrategien und selbstorientiertem Erfolgsdenken einfach mal loslassen und entdecken würde, worum es Gott eigentlich geht? Dieses Buch ist jedem, der die Gemeinde als einen Ort kennen lernen möchte, an dem das Feuer auf dem Altar Gottes nicht mehr aufhört zu brennen, sehr zu empfehlen!

Jobst Bittner

TOS Tübingen

Der Auftrag der levitischen Priesterschaft war es nicht, sich selbst oder dem Haus Israel zu dienen, sondern zuallererst Gott selber. Wenn wir 1. Petrus 2.5+9 ernst nehmen, sind wir, die Gläubigen an Jesus, die Erfüllung jener Priesterschaft und haben den Auftrag, zuallererst Gott zu dienen. In einer Zeit, in der Gemeindeleben und Gottesdienst zunehmend dem Selbstzweck persönlicher Erbauung dient und daran gemessen wird, wie viel ich für »Mich« dabei gewinne, trifft Robert Stearns Buch den Punkt. Es ruft uns zurück in eine Position der Anbetung und Dienerschaft, die zuerst und vor allem Gott und dem Lamm dient, und nicht unseren eigenen Interessen. Wir wünschen diesem Buch die Kraft, uns zuerst nach dem Reich Gottes trachten zu lassen, um dann zu erleben, wie uns alles andere aus seiner Liebe zufällt.

Uwe & Silvia Dahlke

Hauptpastoren im CZK - Christliches Zentrum Karlsruhe

Was Sie in Ihrer Hand halten, ist muskelbildendes »Schwarzbrot«. Ich bete, dass der erschwachte Leib Christi mehr solcher Bücher zu lesen bekommt. Die Zeit von geistlicher Leichtkost ist vorbei; die Gemeinde Jesu muss für die sich zuspitzende Endzeit zugerüstet werden.

Was Robert Stearns mit »Hüter der göttlichen Flamme« auf eindringliche Weise vermittelt, ist nicht bloße Theorie, sondern das Ergebnis eines hingegebenen Lebens in der Gegenwart Gottes. Jedes Mal, wenn er unsere Bibelschule im Glaubenszentrum besucht, ist spürbar, dass sein Leben nicht nur durch Theologie, sondern durch »Knieologie« geprägt ist. Gott sucht Anbeter, die ihn im Geist und in der Wahrheit anbeten. Den Leser in einen solchen Lebensstil hineinzuführen, ist die tief greifende Auswirkung, die dieses Buch haben kann.

Gerry Klein

Glaubenszentrum Bad Gandersheim

Inhalt

Widmung

Dieses Buch ist dem jüdischen Volk gewidmet, das in seiner Geschichte gegen alle Widerstände und oft zum höchsten persönlichen Preis den einen wahren Gott auf der Erde bezeugt hat. Die Menschen dieses Volkes waren und sind *Hüter der Flamme*.

Und es ist Rabbi Dr. Gerald Meister und David Nekrutman, die diese Werte verkörpern, für ihren Mut und ihre Hingabe an den Gott Israels gewidmet.

Dank

Entstanden ist dieses Buch durch einen kooperativen Prozess; deshalb bin ich vielen Menschen dankbar, die diesem Projekt auf direkte oder indirekte Weise zur Geburt verholfen haben.

Mein erster Dank gilt meiner Frau Ana, der erstaunlichsten Person, die ich kenne. Sie ist eine Quelle des Segens für alle, die das Vorrecht haben, sie zu kennen. Ihre Liebe hat eine ganz neue Bedeutung und einen tiefen Sinn und Erfüllung in mein Leben gebracht. Und genau inmitten dieses Buchprojektes hat sie mich mit der Geburt unseres ersten Kindes, unseres Sohnes Isaac, gesegnet. Es ist unser tiefer Wunsch, dass er als ein *Hüter der Flamme* leben wird.

Meine Großmutter Ronnie Rosar bleibt für mich eine Quelle der Inspiration und Stärke. Mit ihren 84 Jahren ist sie vitaler als die meisten Zwanzigjährigen, die ich kenne. Ihr Leben des Glaubens und des Gebets hat zahllose Menschen berührt und ist vielen zum Vorbild geworden. Sie wird von allen geliebt und geachtet, besonders von mir!

Zum Team von *Eagles' Wings* gehören einige der großartigsten, zielorientiertesten und bescheidensten Menschen, denen ich je begegnet bin. Für unser Leitungsteam bin ich so dankbar: Stephen Jenks, Sue Ten Eyck und Jeff Reiff, deren Liebe und Unterstützung in so vielen Jahren ich zu schätzen weiß. Sie leisten hinter den Kulissen vieles, was den Leib Christi und mein persönliches Leben wesentlich geprägt hat.

Die Freunde und Familienmitglieder von *Eagles' Wings* - das so genannte *Impact Destiny Team*, sind Menschen, die unsere Bemühungen und unsere Arbeit im Reich Gottes treu im Gebet begleiten. Ohne euch hätten wir nicht den nötigen Freiraum für das, was wir tun. Dieses Buch beruht auf eurer treuen Partnerschaft im Evangelium.

Dr. Larry Keefauver hat die redaktionelle Bearbeitung dieses Buchs mit bemerkenswerter Einsicht und Unterstützung begleitet. Ana und ich danken ihm und seiner großartigen Frau Judi für ihre Freundschaft und ihr Vorbild. Dave Hail erwies sich als erfahrener Ratgeber für das Projekt. Seine kompetente Hilfe und die Freundschaft mit ihm und seiner Frau Janie schätze ich außerordentlich.

Sarah Wolf investierte zahllose Stunden und ihre enorme Energiereserven selbstlos in dieses Buch. Ihre Sorgfalt und ihre geistlichen Einsichten haben das Manuskript wesentlich verbessert. Vanessa Coenraad erwies sich als »Hebamme« in der Geburtsphase des Buchs, indem sie uns ansponte, wo es nötig war, und betete, wenn wir Fürbitte brauchten. Ihre ansteckende Liebe zum Herrn und ihre treue Freundschaft sind ein kostbares Geschenk. Peter Ecenroad hat bei der Grafik eine fantastische Arbeit geleistet. Peter ist wirklich ein »Sohn Davids«, der den Absichten Gottes für die gegenwärtige Generation dient. Mein Dank gilt auch all denen, die gebetet, Kommentare und konstruktive Kritik beigesteuert und mich ermutigt haben! Meine Hoffnung ist, dass es dem Herrn gefallen wird, dieses Buch als wohlgefälliges Opfer für sein Reich zu gebrauchen.

Robert Stearns
New York City
Erev Jom Kippur, 5764
5. Oktober 2003

Vorwort

Wenn wir Jesus heute fragen, was für uns die wichtigste und erfüllendste Aufgabe unseres Lebens ist, würde er genauso wie damals vor 2000 Jahren Folgendes antworten: **»Du sollst den Herrn, deinen Gott, lieben, mit ganzem Herzen und mit deiner ganzen Seele und deinem ganzen Verstand. Dies ist das größte und erste Gebot.« (Mt. 22, 37+38)**

Wenn wir uns also mit einer Sache beschäftigen sollten - dann mit dieser! Es gibt nichts Bedeutungsvolleres in unserem Leben. Immer dann, wenn wir in unserem Alltag die Anbetung des Vaters und die Liebe zu Jesus praktisch werden lassen, verändert sich schlagartig die Atmosphäre in uns und um uns herum. Und genau darum geht es Robert Stearns in seinem neuen Buch »Hüter der göttlichen Flamme«. Der Titel mag zunächst ein wenig mystisch und geheimnisvoll klingen (was ja auch durchaus eine Berechtigung hat, wenn wir über das Jahrtausende alte Geheimnis eines wohlgefälligen Opfers sprechen). Aber, wer immer das Buch zu Ende gelesen haben wird, wird feststellen, wie viel Verantwortung Gott uns selbst in unsere Hände gegeben hat, hier auf Erden, den größten und herrlichsten Dienst zu verrichten, den es überhaupt gibt.

Ich kenne Robert Stearns nun seit vielen Jahren und habe ihn als einen Menschen schätzen gelernt, der von ganzem Herzen den Vater im Himmel liebt und »Seinen Ruhm auf Erden vermehren will«.

Als wir uns vor kurzem anlässlich der von Eagles' Wings ausgerichteten East Coast Konferenz in Washington DC trafen, konnte ich wiederum das Gleiche feststellen, was mir schon mehrmals bei ihm in Deutschland aufgefallen war: Wenn Robert sich an den Flügel setzt, um eine ganze Versammlung in die Anbetung Gottes hinein zu führen, wird innerhalb kürzester Zeit die manifeste Gegenwart Gottes spürbar. Eine Atmosphäre der Freude, heiliger Ehrfurcht und dem Bewusstsein der unendlichen Majestät unseres Gottes breitet sich überall aus. Es wir erlebbar, was schon bereits vor Tausenden von Jahren im Alten Testament beschrieben worden ist: **Der Herr wohnt im Lobpreis Seines Volkes.**

Mein aufrichtiger Wunsch für jeden Leser ist es, dass die Flamme auf dem Altar niemals ausgehen wird! Es ist meine feste Glaubensüberzeugung, dass Jesus bald wiederkommt. Dann werden wir Ihn sehen von Angesicht zu Angesicht. Und weder Sichtbares noch Unsichtbares wird uns irgendwie von Seiner Nähe abbringen können. Bis zu diesem Zeitpunkt aber soll es so sein, dass der Herr ein anbetendes, Ihn liebendes und hingegebenes Volk vorfindet, das Ihm bei Tag und Nacht Ehre, Ruhm, Macht, Stärke, Lobpreis, Anbetung und Herrlichkeit darbringt. Dies ist unsere Berufung!

Ich wünsche allen, die dieses Buch zur Hand nehmen, beim Lesen eine tiefe Erfahrung der Nähe und Güte unseres wunderbaren Herrn.

Peter Wenz

Ein wohlgefälliges Opfer

Hört Gott uns?

Dass diese Frage überflüssig klingt, ist mir bewusst. Natürlich hört er uns. Er ist Gott.

Ich meine nicht, ob Gott uns hören *kann*. - Gott ist allwissend und kennt unsere Worte, noch bevor sie uns über die Lippen kommen. Ich zweifle nicht an Gottes Bereitschaft oder Fähigkeit, uns zu hören. Meine Frage gilt mehr den Worten, die wir vorbringen, als dem Gott, an den wir uns mit diesen Worten richten.

Sagen oder tun wir irgendetwas, was eine göttliche Reaktion hervorruft?

Berührt unsere Anbetung den Gott, den wir anbeten?

Beten und leben wir auf eine Weise, die *sein Herz berührt und seine Hand bewegt*?

Gibt es Voraussetzungen, auf die Gott eingeht?

Kann es sein, dass wir als ein Volk - als gesamter Leib Christi in dieser Generation - Gott suchen, ohne ihn wirklich zu finden? Tritt unsere Fürbitte mit dem Gott des Universums in Verbindung oder schicken wir nur religiöse Worte in den leeren Raum unserer eigenen Vorstellungen und Träume?

Ich weiß, dass *er* gegenwärtig ist ... *aber sind wir es*?

Stets wurde uns die Güte und Nähe Gottes gelehrt. Seine Freundlichkeit und seine Bereitschaft zu vergeben, zu verzeihen, zu heilen und zu helfen wurden uns immer wieder ins Bewusstsein gerufen.

KANN ES SEIN, DASS WIR ALS EIN VOLK - ALS GESAMTER LEIB CHRISTI IN DIESER GENERATION - GOTT SUCHEN, OHNE IHN WIRKLICH ZU FINDEN?

Vielleicht haben Sie das bekannte Lied gesungen: »Bringet ihm ein Lobopfer dar«. Wenn Sie in einem ähnlichen christlichen Umfeld aufgewachsen sind wie ich, haben Sie dieses Lied hundertmal, wenn nicht tausendmal gesungen. Es ist ein großartiges Lied, das uns ermutigt, voller Freude und Dankbarkeit zum Herrn zu kommen.

Doch wenn ich die Bibel lese, macht mich nachdenklich, wie oft Gott uns ermahnt, nicht einfach ein Opfer, sondern ***ein wohlgefälliges Opfer** darzubringen.*

Tun wir das? Bringen wir in unserer Generation dem Herrn ein wohlgefälliges Opfer dar?

Statt dem Herrn darzubringen, was uns gerade in den Sinn kommt und wann oder wo es uns auch immer gefällt - was wäre, wenn es Prinzipien und Richtlinien gäbe, die unsere Fürbitten zu mehr als bloßen Worten machen?

Tatsächlich werden an vielen Stellen der Bibel Bedingungen genannt, auf die Gott eingeht; Prinzipien und Richtlinien konkretisieren die Art und Weise, wie Gott angebetet werden will. Doch allzu oft halten wir das, was Gott als angemessene Anbetung erachtet, für zu anspruchsvoll, zu offensiv, zu unwürdig und sogar zu pietätlos, als dass unser rationales Empfinden es akzeptieren könnte.

Ist das Opfer des Lobes und der Anbetung, des Gebets und der Gaben, das wir dem Herrn bringen, Gott wirklich wohlgefällig oder ist es nur für uns selbst angenehm und bequem?

Diese Frage stelle ich, weil ich verunsichert bin. Ich bin über etwas verunsichert, was unzulässig erscheint - etwas, was keinen Sinn ergibt.

Gott hat gesagt, dass er uns erhören wird, wenn wir ihn anrufen. Und überall auf der Welt ergeht ein gewaltiger Ruf an den Herrn. Gebetstreffen finden statt wie nie zuvor. Weltweit werden in den Städten Gebetshäuser eingerichtet. Die zeitgenössische Anbetungsmusik ist in den meisten christlichen Kreisen zum Trendsetter geworden. Anbetungskonferenzen, Rallyes, Gebetstreffen, Strategien auf der Grundlage geistlicher »Landkarten«, Konferenzen über geistlichen Kampf und Versöhnungsreisen schießen wie Pilze aus dem Boden.

Dennoch haben diese Dinge nicht zu einer großen Ausgießung vom Himmel geführt, sondern eher einen ständig wachsenden Hunger nach mehr von alledem geweckt. Warum? *In welchem Zustand befindet sich denn das Volk Gottes mitten in all diesen großartigen Aktivitäten?*

George Barna machte einige interessante Beobachtungen über den gegenwärtigen Zustand der Gemeinde und über unsere Fähigkeit, durch wohlgefällige Opfer wirklich mit Gott in Verbindung zu treten. Barna nennt folgende Beispiele:

- Weniger als zehn Prozent der Gemeindemitglieder geben ihren Zehnten (zehn Prozent ihres Einkommens).
- Eine große Mehrheit der Christen bezweifelt, dass es eine absolute moralische Wahrheit gibt.
- Mehr als die Hälfte derjenigen, die an einem beliebigen Sonntag zum Gottesdienst gehen, vertrauen nicht auf ihre ewige Erlösung in Christus.
- Sieben von zehn Christen (70 Prozent) sagen, dass sie in einem Gottesdienst nie Gottes Gegenwart erlebt haben.

Die Bequemlichkeit unserer Gebäude und materiellen Güter haben uns zu der Annahme verleitet, wir wären bei dem Bemühen, unsere Welt für Christus zu verändern, weiter gekommen, als wir es tatsächlich sind.

Warum ist das so? Warum hören wir jeden Tag von einer weiteren »Gemeindespaltung«, einem weiteren moralischen Fehltritt, einer weiteren Scheidung, einem weiteren Pastor, der den geistlichen Dienst quittiert, und anderen christlichen Brüdern oder Schwestern, die in Sünde fallen? Warum hat man den Eindruck, dass wir hinter den Kulissen einer erfolgreichen westlichen Kirche arm, entblößt und sehr, sehr krank sind?

WARUM HAT MAN DEN EINDRUCK, DASS WIR HINTER DEN KULISSEN EINER ERFOLGREICHEN WESTLICHEN KIRCHE ARM, ENTBLÖSST UND SEHR, SEHR KRANK SIND?

Ich behaupte nicht, auf alles eine Antwort zu wissen. Dieses Buch liefert nicht sämtliche Lösungen. Aber ich hoffe, es gelingt mir, einige durchdringende Fragen zu stellen, die uns aus dem Karussell fruchtloser religiöser Aktivitäten aussteigen lassen und uns in die Richtung biblischer Nachfolge weisen. Mit anderen

Worten ist es an der Zeit, wieder zu dem zurückzukehren, *was die Hauptsache ist* - **Jesus anzubeten**. Jeden anderen halbherzigen Ersatz wird Gott aus seinem Mund ausspeien.

Entdecken wir neu, dass

- es tatsächlich ein Gott wohlgefälliges Opfer gibt, das wir ihm bringen können.
- Gebet von dem Gott, der uns und die Geschichte verändert, erhört werden kann und wird.
- Anbetung uns in einer Weise in Gottes Gegenwart führt, dass wir Gott so erfahren wie damals die Urgemeinde - sogar in noch größerem Maß!

Wenn Sie der Mensch werden möchten, zu dem Gott Sie erschaffen hat, indem Sie ein Leben der wahren Anbetung führen, dann begleiten Sie mich auf diesem Weg. Werden Sie ein *Hüter der Flamme*, entfacht von der Gegenwart des lebendigen Gottes.

Einleitung

Als ich mit den übrigen Touristen das riesige, geräumige Gebäude betrat, hallten unsere Schritte und gedämpften Stimmen von den mächtigen Wandmauern, dem Steinfußboden und eindrucksvollen Säulen wider. Licht strömte durch die Mosaikfenster und tauchte die Holzbänke in ein warmes Licht. Das Gebäude erinnerte an eine der mächtigen Kathedralen in Europa, nur war dies Australien und wir befanden uns nicht in einer Kirche. Wir standen in der Großen Synagoge von Sydney.

Während der Touristenführer unserer Gruppe die Geschichte der jüdischen Gemeinschaft in Australien erzählte, fiel mein Blick auf das Licht in einer Lampe, die genau in der Mitte des Altarraums hing. Ich hatte solche Lampen schon in einigen Synagogen Israels gesehen und fand es interessant, eine davon hier zu entdecken - an einem Ort, der nicht nur geografisch sondern auch kulturell so weit von Israel entfernt war.

Als wir nach dem Vortrag die Gelegenheit erhielten, Fragen zu stellen, erkundigte ich mich nach der Lampe.

»Das ist die *Nair Tamid*«, erklärte der Führer. »Es ist das ewige Licht, das man in jeder Synagoge über dem Altarraum findet. Es ist direkt an die Elektrizität angeschlossen, sodass es nie ausgeht. Das Licht symbolisiert den Auftrag, der unserem Volk durch Mose gegeben wurde«, fuhr er fort, »das heilige Feuer nie verlöschen zu lassen, das den Kindern Israels anvertraut wurde. Es symbolisiert die Brandopfer, die im Tempel dargebracht wurden.«

Als die Führung zu Ende war und wir durch das Gebäude schlenderten, um alles noch einmal zu betrachten, bestaunte ich die *Nair Tamid* und dachte über ihre Bedeutung nach. Welche andere Gruppe oder Kultur hat Bräuche und Traditionen, die über fünftausend Jahre bewahrt wurden? Wie war es zu erklären, dass sich der Auftrag, die Flamme zu hüten, so tief in das jüdische Bewusstsein gegraben hatte, dass diese jüdische Gemeinschaft tausende Kilometer entfernt und Jahrtausende später - ja, sogar alle jüdischen Gemeinschaften in der Welt - immer noch darauf achten, diesen Auftrag zu erfüllen?

Und welche Beziehung bestand zwischen der geduldigen Beharrlichkeit der jüdischen Gemeinschaft, die gegen alle Widerstände Jahrtausende überdauert hat, und der Flamme der Erkenntnis Gottes, die seit Jahrtausenden brennt und bis zur Zeit des Apostels Paulus nur durch ihre Gemeinschaft gehütet wurde?

Unzählige Male in der biblischen Geschichte hätte das jüdische Volk (und mit ihm die Erkenntnis des einen wahren Gottes, des Gottes Abrahams, Isaaks und Jakobs) von der Erde verschwinden können. Ob es sich um die babylonische Gefangenschaft oder die Krise in der Zeit von Königin Esther handelte: Das jüdische Volk hatte zahllose Gelegenheiten, aufzugeben, sich zu assimilieren und nicht mehr an seinem Glauben und der daraus entstandenen Kultur festzuhalten. Doch ein Überrest des jüdischen Volkes gab nie auf, obwohl es einen unvorstellbaren persönlichen Preis forderte und oft das eigene Leben kostete.

Jüdische Mütter zündeten am Erev Schabbat Schabbatkerzen an, um den Schabbat zu begrüßen, auch in Zeiten wenn dies für ihre Familien eine Gefahr bedeutete. Sie hielten die Flamme am Leben. Und so hielt die Flamme sie am Leben. Keine andere Kultur kann ihre Geschichte und ihr Glaubensbekenntnis über so viele Jahrtausende zurückverfolgen. Keine andere Volksgruppe war so klein, wurde mit so viel Hass konfrontiert, und konnte dennoch nicht nur überleben, sondern in jedem Land und in jeder Generation aufblühen. Sie reisten von Israel bis Australien und wieder zurück und nahmen die Flamme mit.

Sie haben die Flamme bewahrt und so bewahrte die Flamme sie. Die Flamme *bewahrte* sie als ein Volk und *definierte* sie als eine Kultur.

Rückkehr zum Wesentlichen

Als ich über diese Dinge nachdachte, fragte ich mich, was dies für uns bedeutet, die »wilden Ölzweige«, die in den Bund Gottes mit Abraham eingepfropft wurden. Was war und ist Gottes Absicht für sein Volk auf der Erde? Da wir als Gemeinde nun durch den

Glauben zu Gottes Volk gehören (Galater 3,7), müssen wir uns fragen, worin unsere primäre Berufung besteht. Noch heute sucht Gott danach, dass sein Volk ein »Licht für die Völker« ist. Strahlen wir es aus? Tragen wir dieses Licht in uns? Hüten wir die Flamme?

Dieses Buch beschäftigt sich mit dem Ruf an das Volk Gottes, vor allem und grundsätzlich *eine Bundesgemeinschaft von Anbetern* - ein Volk im Bund mit Gott und miteinander - zu sein, dessen Priorität es ist, einzeln und gemeinsam einen Lebensstil der Anbetung und des Gebets zu praktizieren. Gott sucht immer noch nach einer »Wohnung«. Noch immer »wohnt er im Lobpreis seines Volkes«. Er sehnt sich ständig danach, dass die Erkenntnis und Gegenwart des Heiligen in das Irdische und Weltliche eindringt, während diejenigen, die nach seinem Namen benannt sind, ihn Tag und Nacht anrufen. Er sucht nach einem »Königreich von Priestern«, deren wohlgefällige Opfer seine Aufmerksamkeit finden und seinen Arm bewegen.

ER SEHNT SICH STÄNDIG DANACH, DASS DIE ERKENNTNIS UND GEGENWART DES HEILIGEN IN DAS IRDISCHE UND WELTLICHE EINDRINGT, WÄHREND DIEJENIGEN, DIE NACH SEINEM NAMEN BENANNT SIND, IHN TAG UND NACHT ANRUFEN.

Als Menschen, die an den Gott Abrahams, Isaaks und Jakobs glauben, wurden wir durch Jesus Teil der Berufung, *Hüter der Flamme* zu sein. Wir müssen diesen Auftrag als unseren eigenen annehmen. Und wir müssen neu prüfen, wie gut wir in dieser Generation bewahren, was uns anvertraut wurde. Wir müssen unsere Aufmerksamkeit *neu fokussieren*, uns unsere Priorität *neu bewusst machen* und unsere Absicht *neu erfassen*. Wir müssen mit unserem Lebensstil für unsere Überzeugung eintreten, einem Lebensstil, der eine göttliche Priorität zum Ausdruck bringt. Wir müssen diese Priorität so energisch und gründlich verinnerlichen, dass sie sich tief in unser kollektives Bewusstsein brennt, damit unsere höchste Direktive klar ist, wo immer wir auch hingehen und was immer wir auch tun.

Wir müssen *Hüter der Flamme* sein.

DER RUF

So ermahne ich euch nun,
ich, der Gebundene im Herrn,
daß ihr der Berufung würdig wandelt,
zu der ihr berufen worden seid.

Epheser 4,1

KAPITEL 1

Ein Königreich von Anbetern

Bevor wir überhaupt zu irgendetwas berufen sind - sei es, zu predigen, zu prophezeien, die Toten aufzuerwecken oder die Verlorenen zu gewinnen -, ist es unsere Berufung, Anbeter zu sein.

Die erste Frage im Westminster Glaubensbekenntnis lautet: »Was ist die eigentliche Bestimmung des Menschen?« Die Antwort darauf lautet einfach:

Die eigentliche Bestimmung des Menschen besteht darin, Gott zu verherrlichen und sich ewig an ihm zu erfreuen.

Aber warum sollen wir anbeten? Geht es einfach darum, dass wir uns wohl fühlen oder dass Gott sich wohl fühlt?

NEIN! Wenn wir Gott auf WOHLGEFÄLLIGE Art und Weise anbeten, geschieht etwas!

Wir lesen in der Bibel, wenn diese Menschen Gott anbeteten, antwortete er. Als Israel auf dem Berg Sinai anbetete, zeigte Gott sich in seiner Macht und Gnade. Als Josua und das Volk Gottes anbetend und lobpreisend um Jericho marschierten, brachen die feindlichen Mauern in sich zusammen.

Als Salomo bei der Einweihung des Tempels zusammen mit dem ganzen Volk anbetete, kam Gottes Herrlichkeit mit solcher Kraft, dass niemand mehr stehen konnte. Ein einzelner Prophet namens Elia flehte in ehrfürchtiger Anbetung zu Gott und es fiel Feuer vom Himmel.

Als die Jünger und Nachfolger Jesu sich nach seiner Himmelfahrt zum Gebet versammelten und ihn anbeteten, strömte der Heilige Geist am Pfingsttag vom Himmel. Als die Gemeinde betete und Gott lobte, schickte der Herr einen Engel, um Petrus aus dem Gefängnis zu befreien.

Gott antwortet auf wahre Anbetung. Eine ihm wohlgefällige Anbetung führt zu einer übernatürlichen, göttlichen Reaktion.

Die Bibel berichtet über die Treue Gottes. Wenn wir über die mächtigen Taten Gottes - seine Wunder und Gerichte - nachdenken, erkennen wir eine unbestreitbare Verbindung zwischen seinen Taten und unseren Taten, zwischen unserem *Handeln* und seiner *Reaktion*. Der lebendige Gott wünscht eine Beziehung mit uns und sucht immer danach, denjenigen Menschen sein Herz mitzuteilen, die bereit sind, ihm zuzuhören. Immer und immer wieder sehen wir, dass der rechte Zustand unseres Herzens, der sich in unserem Handeln und in unserer Lebensweise zeigt, die Hand Gottes bewegt. Wenn wir uns bewusst entscheiden, unser Leben für Lobpreis, Gehorsam, Opfer und Hingabe zu weihen, kommt das Reich Gottes näher.

IMMER UND IMMER WIEDER SEHEN WIR, DASS DER RECHTE ZUSTAND UNSERES HERZENS, DER SICH IN UNSEREM HANDELN UND IN UNSERER LEBENSWEISE ZEIGT, DIE HAND GOTTES BEWEGT.

Biblische Beispiele

Für die Kinder Israels wurde diese Wahrheit zu einer beeindruckenden Erfahrung, als sie ihren Kampf um das Verheißene Land begannen. Indem sie sich darauf konzentrierten, Gott zu ehren, und indem sie nicht darauf achteten, wie lächerlich ihre Taktik dem Feind erscheinen musste, bezwangen sie ihren Feind und nahmen in Empfang, was ihnen verheißen worden war.

> *Und der HERR sprach zu Josua: Siehe, ich habe Jericho samt seinem König und den tapferen Kriegern in deine Hand gegeben. Darum sollt ihr um die Stadt ziehen, alle Kriegsleute, einmal rings um die Stadt herum. So sollst du es sechs Tage lang tun. Und sieben Priester sollen sieben Hörner des Halljahres vor der Lade hertragen; und am siebten Tag sollt ihr siebenmal um die Stadt ziehen, und die Priester sollen in die Schopharhörner stoßen. Und*

> *wenn man das Horn des Halljahres bläst und ihr den Ton des Schopharhornes hört, so soll das ganze Volk ein großes Kriegsgeschrei erheben. Dann werden die Stadtmauern in sich zusammenstürzen, und das Volk soll hinaufsteigen, jeder gerade vor sich hin! Am siebten Tag aber machten sie sich früh auf, bei Anbruch der Morgenröte, und sie zogen nach derselben Weise siebenmal um die Stadt; nur an diesem Tag zogen sie siebenmal um die Stadt. Und beim siebten Mal, als die Priester in die Hörner stießen, da sprach Josua zum Volk: Erhebt ein Kriegsgeschrei; denn der HERR hat euch die Stadt gegeben! Da erhob das Volk ein Kriegsgeschrei, und [die Priester] stießen in die Schopharhörner. Als nun das Volk den Schall der Hörner hörte und ein großes Kriegsgeschrei erhob, da stürzte die Mauer in sich zusammen, und das Volk drang in die Stadt ein, jeder gerade vor sich hin. So nahmen sie die Stadt ein* (Josua 6,2-5.15-16.20).

Als sie versuchten, Gott zu gefallen, indem sie *exakt* das taten, was von ihnen verlangt war, erreichten Josua und seine Armee das Unmögliche. *Sie gründeten ihr Handeln auf das, was Gott wollte, und nicht auf das, was die Situation zu diktieren schien.* Ihr Beispiel ist ein unwiderrufliches Vorbild für die Verbindung zwischen Lobpreis und geistlichem Kampf, zwischen Gehorsam und Erhörung.

Gott gibt uns nicht den Sieg, wenn wir uns abmühen, sondern wenn wir ihn preisen. Ein Gott wohlgefälliger Lobpreis und wahre Anbetung triumphieren über alle hinderlichen Umstände oder Situationen.

Anbetung ist eine Entscheidung

Alle Anbetung beginnt mit einer Entscheidung. In jeder Situation stehen wir vor der Wahl, wie wir auf die Umstände reagieren, mit denen wir uns konfrontiert sehen. Wir können aus unseren natürlichen Gefühlen heraus reagieren oder wir können uns entscheiden, unsere menschlichen Neigungen und unser natürliches Verständnis zu verleugnen und Gott anzubeten.

Denken Sie an die Entscheidungen der frühen Gemeinde:

> *Und nachdem sie ihnen viele Schläge gegeben hatten, warfen sie sie ins Gefängnis und geboten dem Kerkermeister, sie sicher zu verwahren. Dieser warf sie auf solchen Befehl hin ins innere Gefängnis und schloß ihre Füße in den Stock. Um Mitternacht aber beteten Paulus und Silas und lobten Gott mit Gesang, und die Gefangenen hörten ihnen zu. Da entstand plötzlich ein großes Erdbeben, so daß die Grundfesten des Gefängnisses erschüttert wurden, und sogleich öffneten sich alle Türen, und die Fesseln aller wurden gelöst* (Apostelgeschichte 16,23-26).

Obwohl Paulus und Silas Grund genug hatten, über ihre missliche Lage zu murren, trafen sie die Wahl, den Herrn zu preisen, statt bitter zu werden. Sie hätten Gott auch auf andere Weise anrufen können - in Verärgerung, Verzweiflung oder Trotz. Doch sie liebten seine Gegenwart so sehr, dass sie in sich den Gehorsam fanden, seinem Gebot zu gehorchen, ihm in jeder Lage zu danken.

Ihr Gehorsam führte zu ihrer Befreiung. Als sie Gott anbeteten und ihn priesen, handelte er und das führte zum Sieg. *Hüter der Flamme* sind bereit, Gott zu preisen und sich ganz der Anbetung hinzugeben, ganz gleich, in welchem Gefängnis widriger Umstände sie sich befinden.

Anbetung in völliger Hingabe

So oft besteht die Versuchung, unsere Opfer und unsere Anbetung an der Vernunft auszurichten. Wir sind versucht zu geben, was in den Augen anderer akzeptabel erscheint, statt zu geben, was wirklich Gott gefällt. Manchmal sind wir stärker durch Menschenfurcht motiviert, als durch den Wunsch, unserem Herrn zu gefallen.

Wenn wir aufrichtig und demütig zum Herrn kommen und nicht geben, was wir glauben, uns leisten zu können, *sondern das, von dem wir wissen, dass wir es uns nicht leisten können, es zurückzuhalten,* berühren wir das Herz unseres Vaters. Ein Ereignis gegen Ende des Lebens Jesu auf der Erde verdeutlicht, welchen Wert er einer völlig hingegebenen Anbetung beimisst.

> *Und als er in Bethanien im Haus Simons des Aussätzigen war und zu Tisch saß, da kam eine Frau mit einem Alabasterfläschchen voll Salböl, echter, kostbarer Narde; und sie zerbrach das Alabasterfläschchen und goß es aus auf sein Haupt. Es wurden aber etliche unwillig bei sich selbst und sprachen: Wozu ist diese Verschwendung des Salböls geschehen? Man hätte dies doch um mehr als 300 Denare verkaufen und den Armen geben können! Und sie murrten über sie. Jesus aber sprach: Laßt sie! Warum bekümmert ihr sie? Sie hat ein gutes Werk an mir getan. Wahrlich, ich sage euch: Wo immer dieses Evangelium verkündigt wird in der ganzen Welt, da wird man auch von dem sprechen, was diese getan hat, zu ihrem Gedenken!* (Markus 14,3-6.9).

Ohne irgendeine Gegenleistung zu erwarten und ohne sich von der Verachtung der Menge abhalten zu lassen, goss diese Frau das kostbarste, was sie besaß, über den Körper Jesu. Ihr wurde die besondere Ehre erwiesen, dass die Bibel von ihrer Tat berichtet. Was für einen Segen hätte sie verpasst, wenn sie den Stimmen im Hintergrund Beachtung geschenkt und in der Anbetung nicht alles hingegeben hätte, was sie zu geben hatte!

Was diese Frau tat, verletzte jede Anstandsregel und widersprach jeder Vernunft. Und Jesus liebte diese Geste ihrer rückhaltlosen Anbetung. Die Menschen um sie her (und wir) waren vielleicht damit beschäftigt, auf menschlicher Vernunft beruhende, aber leere religiöse Taten zu vollziehen; wer so handelt, wird jeden Akt wahrer Anbetung immer verachten. Jesus dagegen durchschaut jedes egoistische und selbstbezogene Ritual, das sich als Anbetung ausgibt. Er sagt: »*Aber die Stunde kommt und ist schon da, wo die wahren Anbeter den Vater im Geist und in der Wahrheit anbeten werden; denn der Vater sucht solche Anbeter. Gott ist Geist, und die ihn anbeten, müssen ihn im Geist und in der Wahrheit anbeten*« (Johannes 4,23-24).

Jede Geste wahrer Anbetung, bei der ein Mensch - wie die Frau, die Jesus mit kostbarem Parfüm salbte - aus völliger Hingabe handelt, berührt Jesus. Überschwängliche Gaben berühren den Herrn und er wird uns mehr segnen, als wir ihn je segnen könnten.

Anbetung aus ganzem Herzen

Jesus erinnert uns an unsere Priorität, indem er das größte Gebot wiederholt: *»Du sollst den Herrn, deinen Gott, lieben* ***mit deinem ganzen Herzen*** *und mit deiner ganzen Seele und mit deinem ganzen Denken«* (Matthäus 22,37; Hervorhebung des Autors).

Vor Gott zu leben bedeutet weit mehr, als ein oder zwei Stunden in der Woche an einem Gottesdienst teilzunehmen. Wir müssen unsere Liebe zum Herrn zeigen, indem wir ihm alles geben; indem wir ihm selbst den Lebensstil geben, den wir praktizieren. Wir sehen zum Beispiel im Leben von Hanna, dass ein Opfer, das für den Geber selbst kostbar ist, von Gott angenommen wird.

> *Und als acht Tage vollendet waren, als man das Kind beschneiden mußte, da wurde ihm der Name Jesus gegeben, den der Engel genannt hatte, ehe er im Mutterleib empfangen worden war. Und als die Tage ihrer Reinigung nach dem Gesetz Moses vollendet waren, brachten sie ihn nach Jerusalem, um ihn dem Herrn darzustellen, wie im Gesetz des Herrn geschrieben steht: »Alle männliche Erstgeburt soll dem Herrn geheiligt heißen«, und um ein Opfer darzubringen, wie es im Gesetz des Herrn geboten ist, ein Paar Turteltauben oder zwei junge Tauben.*
>
> *Und da war auch Hanna, eine Prophetin, die Tochter Phanuels, aus dem Stamm Asser, die war hochbetagt und hatte nach ihrer Jungfrauschaft mit ihrem Mann sieben Jahre gelebt; und sie war eine Witwe von etwa 84 Jahren; die wich nicht vom Tempel, sondern diente [Gott] mit Fasten und Beten Tag und Nacht. Auch diese trat zu derselben Stunde hinzu und pries den Herrn und redete von ihm zu allen, die auf die Erlösung warteten in Jerusalem*
>
> (Lukas 2,21-24.36-38).

Aber anstatt, dass sie alles unternahm, um ein angenehmes Leben zu bekommen, indem sie jemanden heiratete, der für sie sorgen konnte, wählte Hanna einen Lebensstil der kontinuierlichen Anbetung im Tempel. Ihre von Glauben geprägten Entscheidungen und ihr beständiges, selbstloses Geben erfreuten Gott. Der Herr belohnte Hanna, die ihr ganzes Lebens hingab, indem er sie den Erlöser Israels mit eigenen Augen sehen ließ.

So oft flehen wir in der Anbetung darum, Gott zu »schauen«. Nur diejenigen, die reinen Herzens sind, schauen Gott. Diese Reinheit des Herzens entspringt einer leidenschaftlichen Liebe zu ihm. Das ist gemeint, wenn es darum geht, Gott von ganzem Herzen zu lieben.

Anbetung aus völliger Hingabe und von ganzem Herzen umfasst mehr als die Verpflichtung, einmal wöchentlich einen Gottesdienst zu besuchen. In unserer Zeit versteht man unter Anbetung allzu oft einen Lobpreisteil von zwanzig oder dreißig Minuten an einem Sonntagmorgen. Wir bewerten die Anbetung sogar! »Er ist ein großartiger Anbetungsleiter!« »Diese Gemeinde hat ein hervorragendes Lobpreisteam!« Freunde, wie lässt sich Anbetung denn von unserem Lebensstil trennen?

> IN UNSERER ZEIT VERSTEHT MAN UNTER ANBETUNG ALLZU OFT EINEN LOBPREISTEIL VON ZWANZIG ODER DREISSIG MINUTEN AN EINEM SONNTAGMORGEN. WIR BEWERTEN DIE ANBETUNG SOGAR!

Wenn Anbetung unser Opfer ist, könnte es dann nicht sein, dass die Frage, ob sie *wohlgefällig* ist oder nicht, an der Qualität unseres Lebensstils gemessen wird und nicht an unserer musikalischen Qualität?

Könnte es - auf die ganze Gemeinde bezogen - sein, dass ein großer Teil des Leibes Christi sich in einer Fülle religiöser Aktivitäten engagiert, dabei aber nur sehr wenig *wohlgefällige* Anbetung darbringt? Ich vermute, dass darin einer der Gründe liegt, weshalb wir in der westlichen Kirche heute so wenige oder gar keine Ergebnisse von biblischen Ausmaßen erleben.

Kann es sein, dass wir weitgehend damit beschäftigt sind, »Gemeinde zu spielen«, statt christliche Nachfolge zu leben?

Vielleicht sagen Sie: »Robert, unsere Gemeinde läuft großartig! Wir haben gerade ein großes Bauprojekt abgeschlossen und am Sonntagmorgen ist es brechend voll!«

Ja, und?

Liebe Mitchristen, wir können Erfolg im Reich Gottes nicht mit babylonischen Maßstäben messen. Seit wann sind Zahlen ein biblischer Maßstab für Erfolg im Reich Gottes? Große Mengen dürfen nie der primäre Prüfstein unserer Arbeit für den Herrn sein.

Hüter der Flamme messen Erfolg nicht an Zahlen

Von der ersten bis zur letzten Seite ist die Bibel die Geschichte vom Handeln Gottes mit einem *Überrest*. Immer wieder sehen wir, dass die *Hüter der Flamme* nicht die Mehrheit waren. Stattdessen musste Gott mitten im Volk einen Überrest von Menschen finden, die rückhaltlos bereit waren, ein Leben überschwänglicher Anbetung und bedingungslosen Gehorsams zu führen.

Denken wir an Gideon. 32.000 Personen erschienen, um mit Gideon für den Herrn zu kämpfen. Aber Gott sagte: *»Die Leute, die du bei dir hast, sind zu zahlreich ...«* (Richter 7,2a; Einheitsübersetzung). Also prüfte Gott das Volk und zeigte Gideon, dass er 22.000 wegschicken musste, sodass nur 10.000 übrig blieben.

Stellen Sie sich einen beliebten, profilierten Leiter von heute vor, bei dem 30.000 Leute erscheinen, von denen er aber zwei Drittel wieder nach Hause schickt, noch bevor der Gottesdienst überhaupt begonnen hat! Man würde ihn für verrückt erklären. Aber genau das verlangte Gott von Gideon ... und nicht nur das! Gott unterzog diese 10.000 einer weiteren Prüfung und nur 300 blieben übrig, um in den Kampf zu ziehen. Es waren weniger als ein Prozent der ursprünglichen Zahl, die sich als geeignet erwiesen!

Mit einer größeren Menge hätte Gideon sich aus eigener Kraft sicher und stark genug gefühlt, Gott zu dienen. Aber Gott suchte nach einigen wenigen hingegebenen Dienern, die bereit waren, zu kämpfen, auszuharren und ihm für den Sieg im Kampf zu vertrauen. Eine solche Denkweise widerspricht unserer konventionellen Weisheit, war aber in Gottes Augen gerade richtig.

Hier sehen wir, dass Gott Gideons völlige Abhängigkeit von ihm so schätzt, dass er auf außerordentliche Weise eingreift, um zu zeigen, dass Siege von Gott errungen werden, nicht von Menschen. Gottes Anweisungen an Gideon (die völlig irrational waren und jeder vernünftigen militärischen Taktik widersprachen) lassen Gottes Wertesystem klar erkennen. Der Schöpfer des Universums ist auf nichts angewiesen, was wir ihm geben können. Aber er liebt es, wenn wir ihm uns selbst geben, indem wir unser Ansehen aufs Spiel setzen und im Glauben den Sprung ins Ungewisse wagen.

Wenn unsere Herzen - wie das von Gideon - auf Gott vertrauen, statt auf unsere eigene Fähigkeit zum Erfolg, dann sind wir bereit, vom Herrn zu empfangen. Es gefällt Gott, menschlicher Logik und Stärke zu trotzen, indem er den Sieg unter den unwahrscheinlichsten Umständen durchbrechen lässt.

Denken wir an Jesus. Eine große Menge erschien, um Gott anzubeten und zu preisen, als Jesus auf einem Esel in Jerusalem einzog. Die Menge schrie:

> »*Hosianna dem Sohn Davids!*
> *Gepriesen sei der, welcher kommt im Namen des Herrn!*
> *Hosianna in der Höhe!*« (Matthäus 21,9).

Welch ein atemberaubender Lobpreis! Was für ein begeisternder Beginn der Anbetung! Die Jünger Jesu müssen angesichts einer so großen begeisterten Menge einen gewaltigen emotionalen Auftrieb verspürt haben. Es schien wie ein eindrucksvoller Startschuss zu einem erfolgreichen, triumphalen Dienst für Jesus.

WENN EINE RIESIGE MENGE DEM HERRN ZUJUBELT, WECKT DAS IMMER ENORME RELIGIÖSE ENERGIE, ABER ES IST KEINE GARANTIE FÜR EINE ANBETUNG AUS VÖLLIGER HINGABE UND MIT GANZEM HERZEN.

Heute wäre jeder an Zahlen orientierte Leiter über einen solchen Beginn eines Gottesdienstes oder einer Anbetungskonferenz begeistert. Wenn eine riesige Menge dem Herrn zujubelt, weckt das immer enorme religiöse Energie, aber es ist keine Garantie für eine Anbetung aus völliger Hingabe und mit ganzem Herzen.

Bedenken Sie, dass am Ende der Woche dieselbe Menge und die Jünger jede Anbetung aufgegeben und sich gegen den Sohn Gottes gewandt hatten. Statt dem Herrn zuzujubeln, schrie die Menge: *»Kreuzige ihn!«* (Johannes 19,15a).

Denken Sie an Paulus. Dieser Mann ermordete Christen. Als er schließlich Buße tat und zu Christus umkehrte, irritierte er die Kerngruppe von Leitern der ersten Gemeinde. Mit seiner Mission unter den Heiden stieß er auf den Widerstand mächtiger Gruppen von Christen. Und die frommen jüdischen Leiter jener Zeit (zu denen er auch gehört hatte) verfolgten, verspotteten, schlugen, verhafteten ihn und versuchten sogar, ihn zu töten.

Wohin brachte ihn sein Leben der völligen Hingabe an Christus? Lesen Sie eine kurze Beschreibung darüber, wie sein Leben in der Nachfolge Jesu aussah:

> *Von den Juden habe ich fünfmal 40 Schläge weniger einen empfangen; dreimal bin ich mit Ruten geschlagen, einmal gesteinigt worden; dreimal habe ich Schiffbruch erlitten; einen Tag und eine Nacht habe ich in der Tiefe zugebracht. Ich bin oftmals auf Reisen gewesen, in Gefahren auf Flüssen, in Gefahren durch Räuber, in Gefahren vom eigenen Volk, in Gefahren von Heiden, in Gefahren in der Stadt, in Gefahren in der Wüste, in Gefahren auf dem Meer, in Gefahren unter falschen Brüdern; in Arbeit und Mühe, oftmals in Nachtwachen, in Hunger und Durst; oftmals in Fasten, in Kälte und Blöße* (2. Korinther 11,24-27).

Wollte man den Erfolg im Reich Gottes an weltlichen Maßstäben messen, würde man beim Leben des Apostels Paulus auf einige Schwierigkeiten stoßen. Paulus fehlte es nicht nur an weltlichem Ansehen und Anerkennung; manchmal schien es nicht einmal mehr eine Kerngruppe von Christen zu geben, die zu ihm hielten. Wie würde Paulus von der heutigen Gemeinde aufgenommen werden?

Zweifellos würde Paulus von vielen verworfen werden, die darauf beharren, geistliche Dinge nach natürlichen Kriterien zu beurteilen. Doch auf diesen einen Mann, den man so leicht verwerfen würde, gehen nicht nur viele neutestamentliche Briefe zurück, sondern auch ein festes Fundament der Urgemeinde. Hören Sie, was Paulus Timotheus mitteilt:

> *Beeile dich, bald zu mir zu kommen! Denn Demas hat mich verlassen, weil er die jetzige Weltzeit liebgewonnen hat, und ist nach Thessalonich gezogen, Crescens nach Galatien, Titus nach Dalmatien. Nur Lukas ist bei mir. Nimm Markus zu dir und bringe ihn mit; denn er ist mir sehr nützlich zum Dienst. Alexander, der Schmied, hat mir viel Böses erwiesen; der Herr vergelte ihm nach seinen Werken! Bei meiner ersten Verteidigung stand mir niemand bei, sondern alle verließen mich; es werde ihnen nicht angerechnet!* (2. Timotheus 4,9-11.14.16).

Paulus bittet Timotheus inständig, zu ihm zu kommen. Diese Tatsache zeigt uns, dass es ihm nicht auf die *Anzahl* der Männer ankam, sondern darauf, den *einen Mann* bei sich zu haben, der für die Aufgabe der Richtige war. Paulus ist nicht darauf bedacht, diejenigen zurückzugewinnen, die ihn verlassen hatten. Zwar empfindet er es offensichtlich als Verlust, dass sie gegangen sind, aber seine Worte zeigen, dass die Entscheidungen der anderen in der Verantwortung des Herrn liegen. Er ist nicht besorgt, wie die Dinge aussehen, sondern ihm geht es darum, dass Gottes Wille erfüllt wird. Paulus muss das Prinzip des gottesfürchtigen Überrestes verstanden haben: ***Um das Werk des Herrn zu erfüllen, brauchst du nur das, was der Herr dir gibt.***

Qualität, nicht Quantität in der Anbetung

Überall in der Bibel macht Gott klar, dass ihm Qualität wichtiger ist als Quantität. Erinnern Sie sich an irgendeine Stelle der Bibel, in der menschliche Möglichkeiten Gott beeindruckt hätten?

War Gott je zum Handeln gezwungen, weil es so aussah, als hätten die Menschen die Dinge in der Hand?

Ganz im Gegenteil, der Herr geht sogar so weit, den Anschein menschlicher Kraft bewusst zu zerstören: *»Denn das Törichte*

Gottes ist weiser als die Menschen, und das Schwache Gottes ist stärker als die Menschen« (1. Korinther 1,25).

Gideons erste Armee von 30.000 Mann war sicherlich ein Ehrfurcht gebietender Anblick. Die Menge, die Jesus jubelnd zum Passahfest begrüßte, muss seine Nachfolger begeistert haben. Der beeindruckende Dienst von Paulus, der dem Wachstum der aufkeimenden Gemeinde enormen Auftrieb gab, muss diejenigen, die es beobachteten, außerordentlich erstaunt haben.

Das Leben Jesu ist das größte Beispiel eines erfolgreichen Dienstes für das Reich Gottes ausschließlich aus der Kraft Gottes. Indem er keine weltliche Bestätigung suchte und nicht aus eigener Kraft handelte, wurde Jesus über die ganze Erde erhöht und überwand den Tod für alle Zeit. Der Eine, dem alle Macht im Himmel und auf der Erde gegeben ist, suchte nicht bei solchen Quellen nach dieser Macht. Stattdessen errang Jesus unsere ewige Erlösung, indem er völlige Ablehnung und Verlassenheit ertrug, selbst durch seinen himmlischen Vater, als er am Kreuz unsere Sünden auf sich nahm. Deshalb können auch wir unsere Identität auf die Werte des Reiches Gottes gründen, statt auf weltliche Maßstäbe des Erfolgs.

DIE GEMEINDE IST EINE LEBENDIGE GEMEINSCHAFT IN DER BÜNDNISBEZIEHUNG MIT GOTT. SIE RICHTET IHR HAUPTAUGENMERK AUF GEBET UND ANBETUNG UND HIERAUS FLIESST EIN GEISTERFÜLLTER DIENST.

Wir können Erfolg nicht daran messen, wie viele Leute zu unseren Osterkantaten kommen oder wegen unserer fantastischen Kinderprogramme am Sonntag unsere Gebäude füllen. Das ist kein Christentum, sondern Konsumverhalten.

Die Gemeinde ist kein Gebäude, in dem Menschen an Veranstaltungen teilnehmen. Die Gemeinde ist eine lebendige Gemeinschaft in der Bündnisbeziehung mit Gott. Sie richtet ihr Hauptaugenmerk auf Gebet und Anbetung und hieraus fliesst ein geisterfüllter Dienst.

Jeder von uns hat von Megagemeinden und großen christlichen Werken gehört, die an einem einzigen Tag in sich zusammenfallen, weil ihnen die strukturelle Integrität fehlt. Sie wirken stark und sicher, sind aber auf menschliche Kraft, statt auf Gottes Kraft gegründet; und wenn ein kräftiger Windstoß kommt, wird offenbar, dass sie nur eine leere Hülse sind.

Wir müssen unseren Erfolg auf das Maß an biblischer Nachfolge in unserer Mitte gründen und nicht darauf, wie viele Menschen wir anziehen oder wie viel Geld in den Dienst fließt oder wie viele Gebäude wir errichten können. Stattdessen müssen wir anfangen, ein Leben der Anbetung aus völliger Hingabe zu praktizieren, um die Werte des Reiches Gottes in der Wirklichkeit dieses Reichs zu leben. Wir müssen ein Königreich von Anbetern werden: *»Ihr aber sollt mir ein Königreich von Priestern und ein heiliges Volk sein«* (2. Mose 19,6a).

Wie geschieht das? Wir können nun das Beispiel der Anbetung im Alten Testament betrachten. Entdecken Sie mit mir einige wesentliche Prinzipien, von denen ich glaube, dass sie uns heute als Richtlinien dienen können, wenn wir nach einer authentischen Anbetung suchen, die Gott wohlgefällig ist, weil sie durch einen Lebensstil der Hingabe von ganzem Herzen kommt.

Schlüssel für Hüter der göttlichen Flamme

- Konzentrieren Sie sich bei der Anbetung auf ehrliche Herzensangelegenheiten.
- Entscheiden Sie sich, Jesus in völliger Hingabe und von ganzem Herzen zu lieben und anzubeten.
- Machen Sie die Anbetung aus Hingabe zu Ihrem Lebensstil, statt sie nur einmal pro Woche zu praktizieren.
- Treffen Sie die Entscheidung, dass wahre Anbetung jedes Opfer und jeden Preis wert ist, die Sie Gott darbringen müssen.
- Geben Sie das Ritual auf, sich auf die Teilnahme an religiösen Versammlungen zu beschränken, und beginnen Sie einen Lebensstil der täglichen Begegnung mit Gott.

Das Brandopfer

Und der HERR redete zu Mose und sprach: Gebiete Aaron und seinen Söhnen und sprich: Dies ist das Gesetz vom Brandopfer. Das Brandopfer soll auf seiner Feuerstelle auf dem Altar die ganze Nacht bis zum Morgen verbleiben, *und das Feuer des Altars soll auf ihm in Brand gehalten werden.* Und der Priester soll sein leinenes Gewand anziehen und sein Fleisch in die leinenen Beinkleider hüllen und soll die Fettasche abheben, zu welcher das Feuer auf dem Altar das Brandopfer verzehrt hat, und sie neben den Altar schütten. Dann lege er seine Kleider ab und ziehe andere Kleider an und schaffe die Fettasche hinaus vor das Lager an einen reinen Ort. *Aber das Feuer auf dem Altar soll auf ihm brennend erhalten werden*, es soll nicht erlöschen; darum soll der Priester Morgen für Morgen Holz darauf anzünden und das Brandopfer darauf zurichten und die Fettstücke der Friedensopfer darauf in Rauch aufgehen lassen. *Ein beständiges Feuer soll auf dem Altar in Brand gehalten werden*; es soll nie erlöschen!

3. Mose 6,1-6 (Hervorhebung des Autors)

KAPITEL 2

Ursprüngliches Feuer, beständige Flamme

Der Auftrag an Israel, die Flamme Tag und Nacht zu hüten, war eine nationale Berufung. Sie richtete sich an die ganze Nation und bestimmte ihre nationale Priorität. In der Umsetzung dieses Mandats fielen einige der damit verbundenen Pflichten dem Stamm Levi zu.

Die Mitglieder des Stammes Levi waren berufen, für die Kinder Israels Priester zu sein. Für uns als Anbeter ist es wichtig zu verstehen, dass es nicht genügt, das Amt oder die Stellung eines Priesters zu haben. Die Ausübung des Priesteramts verlangt eine ganz besondere Prioritätenfestlegung; in ihm muss ein unverzichtbares Verlangen brennen und das Priesteramt ist ein ständiges Mandat.

Betrachten wir dieses Konzept etwas genauer. Ein Amt kann zwar in der Theorie existieren, aber in der Realität besteht ein Amt nie ohne Funktion. Das Amt des Präsidenten ist in der Verfassung der Vereinigten Staaten verankert. Aber erst, wenn jemand dieses Amt innehat und mit exekutiver Vollmacht handelt, wird die Rolle des exekutiven Staatsoberhaupts ausgefüllt.

Ein Auto wird hergestellt, um auf Straßen fahren zu können. Alles kann vorhanden sein - Motor, Benzin, Schlüssel und einwandfreie mechanische Systeme. Der Motor kann laufen, aber dennoch, ohne Fahrer bewegt sich das Auto nicht von der Stelle.

Man kann einen Gottesdienst planen, einüben und sogar beginnen. Die Leute können in einem entsprechenden Raum versammelt sein, der als Heiligtum dient. Aber Anbetung geschieht nie ohne wahre Anbeter. Ohne diejenigen, die die Flamme - die

Leidenschaft - das Feuer in ihren Herzen für die Verherrlichung Gottes am Brennen halten, gibt es keine Anbetung.

Alle »Ämter« - Apostel, Pastor, Evangelist, Prophet und Lehrer - können anwesend sein, doch ohne Anbetung sind diese Ämter leer und ihre Absicht wird nicht erfüllt. Was kommt zuerst? Zuerst der Apostel und dann der Prophet? Wären die Menschen ohne den Evangelisten überhaupt da? Würden sie sich ohne den Pastor versammeln? Könnten sie ohne den Lehrer je wissen, was zu tun ist? Jedes Amt ist wichtig, bildet aber nicht die Hauptsache; jedes ist wesentlich, hat aber keinen Vorrang vor den anderen. Vor dem *Amt* muss unbedingt die *Funktion* kommen - das, was jedes Amt sein und tun muss, damit es authentisch ist.

Welche Funktion hat das Amt des Priesters? Um wahrer Priester des allerhöchsten Gottes zu sein, müssen wir ihm *Anbetung* darbringen. Wir alle sind gemeinsam dazu berufen, ein Königreich von Priestern zu sein.

UM WAHRER PRIESTER DES ALLERHÖCHSTEN GOTTES ZU SEIN, MÜSSEN WIR IHM **ANBETUNG** DARBRINGEN.

Wir haben gelernt, dass Anbetung das eigentliche Wesen unseres Seins bildet; sie ist das, wozu wir erschaffen wurden. Wir wissen, *was* Anbetung ist. Miteinander wollen wir nun untersuchen, *wie* wir Gott anbeten sollen.

Die Grundlage, von der dieses Buch ausgeht, ist Gottes Anweisung an das alttestamentliche Israel, wie das Volk ihn anbeten sollte. Nur durch eine Untersuchung dieses zeitlosen Mandats können wir als Menschen, die heute an den Gott Israels glauben, eine Anbetung darbringen, die ihm wohlgefällig ist.

Das alte Feuer

> *Und der HERR redete zu Mose und sprach: Gebiete Aaron und seinen Söhnen und sprich: Dies ist das Gesetz vom Brandopfer. Das Brandopfer soll auf seiner Feuerstelle auf dem Altar die ganze Nacht bis zum Morgen verbleiben, und das Feuer des Altars soll auf ihm in Brand gehalten werden* (3. Mose 6,1-2).

Gottes Mandat an sein Volk lautete, dass sie ein Volk von Priestern werden sollten, die ihn ständig ehren und anbeten, indem sie Brandopfer darbringen.

Der Herr gab Mose die klare Anweisung, die Anbetung nicht auf einmal in der Woche zu beschränken. Es handelt sich auch nicht um etwas, was das Volk beiläufig tun kann, wann immer es ihm gerade in den Sinn kommt. Es ist kein Opfer, das man zu einem beliebigen Zeitpunkt darbringen kann. Dieses Opfer muss vielmehr *zu allen Zeiten* dargebracht werden.

»Das Feuer des Altars soll auf ihm in Brand gehalten werden.«

Diese Aussage wiederholt Gott dreimal in diesem Abschnitt (3. Mose 6,2-6) und macht seinem Volk damit unmissverständlich klar, welche Priorität er ihnen gibt: *Haltet die Flamme am Brennen!*

Sie müssen die Flamme nähren.

Das Feuer darf nicht verlöschen.

Tag und Nacht müssen sie *Hüter der Flamme* sein.

Damals und heute

Beim Studium der Bibel berücksichtigen wir das »Gesetz der ersten Erwähnung«. Dieses Gesetz der Hermeneutik - der biblischen Auslegung - sagt uns, dass die erste Erwähnung eines Konzepts in der Bibel die Grundlage für das Verständnis dieses Konzepts in der ganzen Bibel bildet. Wenn wir also das Konzept der Ehe verstehen wollen, betrachten wir die erste Erwähnung der Ehe. Wenn wir den Zehnten verstehen wollen, lesen wir den Abschnitt, in dem der Zehnte zum ersten Mal erwähnt wird.

Hier geht es uns um Anbetung. Deshalb betrachten wir die ersten Situationen, in denen Gott sein Volk zu Anbetung und Opfer aufruft.

Bitte denken Sie über Ihre eigene Vorstellung von Anbetung nach. Wahrscheinlich denken Sie dabei an Ihren Gottesdienst am Sonntag. Anbetung ruft in Ihrer Vorstellung vermutlich Bilder von Musikinstrumenten, Liedern, Hymnen und einem Lobpreisleiter wach.

Aber können Sie beim Lesen dieses Abschnitts erkennen und

verstehen, dass es eine *direkte historische und geistliche Verbindung* gibt zwischen dem, was wir hier im dritten Buch Mose sehen, und dem, was wir am Sonntagvormittag tun? Mit anderen Worten reicht eine zeitliche Verbindung fünf- oder sechstausend Jahre zurück bis zu der beschriebenen Szene in 3. Mose 6, die sozusagen der erste Vorläufer Ihres »Gottesdienstes« ist.

Aaron und seine Söhne, die Worte Moses, der Altar, das Opfer und das Feuer - alle diese Ausdrucksformen haben sich verändert. Sie haben sich gewandelt und so die verschiedenen Formen angenommen, die wir heute mit Anbetung oder Gottesdienst verbinden. Aber der ursprüngliche Wunsch und Plan Gottes liegt genau da: *im Altar, dem Brennholz, dem Feuer, dem Opfer, dem Priester und dem Wohlgeruch für den Herrn.*

DIE »HÖCHSTE BESTIMMUNG DES MENSCHEN« IST HIER ZU FINDEN, WO DIESE WÜSTENWANDERER IHRE FEUER ENTZÜNDEN UND VON DEM HEILIGEN GOTT EMPFANGEN, GEPRIESEN SEI SEIN NAME.

Das ursprüngliche System der Anbetung des wahren und lebendigen Gottes, die »höchste Bestimmung des Menschen« ist hier zu finden, wo diese Wüstenwanderer ihre Feuer entzünden und von dem Heiligen Gott empfangen, gepriesen sei sein Name. Ihnen wurde als Nation ein gemeinsames Mandat übertragen: *das Feuer Gottes am Brennen zu halten*, und das gilt auch für uns.

Eine Flamme, die unaufhörlich brennt

Da wir alle berufen sind, den Gott Abrahams, Isaaks und Jakobs in allem anzubeten, was wir tun, müssen wir die Elemente der Anbetung richtig verstehen, die Gott im dritten Buch Mose darlegt. Betrachten wir wieder unsere biblische Anweisung:

> *Und der HERR redete zu Mose und sprach: Gebiete Aaron und seinen Söhnen und sprich: Dies ist das Gesetz vom Brandopfer. Das Brandopfer soll auf seiner Feuerstelle auf dem Altar die ganze Nacht bis zum Morgen verbleiben,*

> *und das Feuer des Altars soll auf ihm in Brand gehalten werden* (3. Mose 6,1-2).

Ich möchte uns drei Aspekte vor Augen halten, die dieses Brandopfer kennzeichnen. Indem wir diese drei Elemente betrachten, die für die Anbetung grundlegend sind, finden wir Hinweise, die uns *das ursprüngliche Geheimnis eines wohlgefälligen Opfers erschließen* können. Auf den folgenden Seiten geht es also darum, Prinzipien zu entdecken, die wir sowohl individuell als auch gemeinsam auf unser eigenes Leben anwenden können, damit wir Opfer darbringen können, die Gott wohlgefällig sind.

Das wohlgefällige Opfer, das den Kindern Israels außerordentliche Gunst und die übernatürliche Fürsorge Gottes brachte, wird uns dasselbe bringen, denn wir beten denselben Gott an. Es ist auch heute sein Wille und Wunsch, auf der Erde ein Volk zu erwecken, das gesegnet ist und in der Macht seiner Gunst lebt.

Und ich glaube, dass es eine Qualität des Lebens für die Gemeinschaft der Erlösten gibt, die weit über das hinausreicht, was wir normalerweise in der Gemeinde unserer Zeit erleben.

Außerdem werden wir - so glaube ich - erleben, dass Gott heute genauso wie in der damaligen Zeit antworten wird, wenn wir anfangen, wieder ein wohlgefälliges Opfer darzubringen.

Wir wurden zur Anbetung erschaffen. Das Wesentliche in der Anbetung besteht darin, *die Flamme am Brennen zu halten!*

1. Wir werden die **Altäre** unseres Lebens prüfen - unsere Herzen, unsere Familien, unsere Gemeinden, wie auch unsere Städte und Regionen.
2. Wir werden den Zustand der **Opfer** eingehend betrachten, die wir dem Herrn einzeln oder gemeinsam dargebracht haben.
3. Und wir werden uns mit der **Flamme** Gottes beschäftigen - mit all ihrer Wärme, Heilung, Macht und Unergründlichkeit.

Indem wir diese drei Aspekte des Brandopfers untersuchen, werden wir am Ende entdecken, an welcher Art von Brandopfer Gott am meisten interessiert ist.

Unsere Ziele bei alledem sind:

dass der Herr uns neu auf ihn selbst ausrichtet;

dass wir aus dem Schlaf eines Zuschauerchristentums erwachen, das überhaupt kein Christentum ist;

dass wir uns selbst neu weihen -
einzeln, als Familien und als Gemeinden oder Städte -
damit Gottes Absichten sowohl in dieser wie auch
in zukünftigen Generationen verwirklicht werden.

Unser inniges Gebet ist, dass der Herr eine Generation priesterlicher Fürbitter erweckt, die mit dem Hohen Priester Christus Jesus eintreten, der in diesem Augenblick vor dem Thron Gottes die größte Gebetsversammlung aller Zeiten leitet.

Wir beten, dass wieder ein wohlgefälliges Opfer dargebracht wird, das Gottes Herz und Hand bewegt, so dass wir sehen, wie Gott in unserer Zeit und in unserem Leben aufsteht!

DER ALTAR

So laßt auch ihr euch nun
als lebendige Steine aufbauen,
als ein geistliches Haus,
als ein heiliges Priestertum,
um geistliche Opfer darzubringen,
die Gott wohlgefällig sind durch Jesus Christus.

1. Petrus 2,5

Von der Zeit, als Abram einen Altar baute und den Namen des Herrn anrief, bis zu dem Augenblick, als Jesus sich selbst auf dem Altar des Kreuzes darbrachte, ist die Bibel die Geschichte der Begegnung des Menschen mit Gott am Platz des Altars. Der Altar war nie nur der physische Ort des Opfers, sondern umfasste die ganze Bandbreite des Geschehens, wenn der Mensch den Himmel anrief und Gottes Hilfe erbat.

Der Altar *damals*

Am Ort der Anbetung bildete der Altar die Grundlage für die Darbringung des Opfers. Durch den Aufbau des Altars entstand eine Verknüpfung mit dem Ort, an dem das Opfer stattfand. Das Opfer geschah nicht an irgendeinem beliebigen Ort. Es musste sorgfältig ein Altar errichtet werden und zwar an dem Platz und in der Art und Weise, wie Gott es bestimmte.

> *Aus ganzen Steinen sollst du den Altar des HERRN, deines Gottes, bauen; und du sollst darauf dem HERRN, deinem Gott, Brandopfer opfern* (5. Mose 27,6).

An vielen Stellen im Alten Testament werden wir darauf aufmerksam gemacht, wie wichtig es ist, starke Altäre zu bauen, wie hier im Beispiel von König Manasse.

> *Danach baute er eine äußere Mauer an der Stadt Davids, westlich von der Gihon[-Quelle] im Tal und bis zum Eingang beim Fischtor und rings um den Ophel, und machte sie sehr hoch; und er legte Hauptleute in alle festen Städte Judas.*
>
> *Er tat auch die fremden Götter weg und entfernte das Götzenbild aus dem Haus des HERRN und alle Altäre, die er auf dem Berg des Hauses des HERRN und in Jerusalem gebaut hatte, und warf sie vor die Stadt hinaus.* ***Und er richtete den Altar des HERRN [wieder] auf und opferte darauf Friedensopfer und Dankopfer und befahl Juda, daß sie dem HERRN, dem Gott Israels, dienen sollten.*** *Zwar opferte das Volk noch auf den Höhen, aber nur*

dem HERRN, seinem Gott (2. Chronik 33,14-17; Hervorhebung des Autors).

Beachten Sie, dass sowohl die *vertikale* als auch die *horizontale* Ebene einbezogen waren. An der Wiederherstellung des Altars war die ganze Nation beteiligt. Gott verlangte Heiligkeit und Gerechtigkeit, *innige Vertrautheit mit ihm* ebenso wie die *rechten Beziehungen zu anderen Menschen*.

Der Altar *heute*: Überlegungen für unsere Zeit

Ein Aspekt, auf den der Altar hinweisen kann, sind die Beziehungen in unserem Leben. Wir leben nicht in einem abstrakten Vakuum. Unser Leben verläuft in einer Struktur, in einem Kontext. Das Maß an Integrität, das wir in unseren Beziehungen wahren, entscheidet über den Wert und die Gültigkeit unserer Botschaft und letztlich über die Qualität unserer Anbetung.

DIE BIBEL HANDELT VOM ANFANG BIS ZUM ENDE NICHT NUR VOM PERSÖNLICHEN WANDEL EINES MENSCHEN MIT GOTT, SONDERN AUCH VOM UMGANG EINER PERSON MIT IHREN MITMENSCHEN.

Im evangelikalen Christentum haben wir die persönliche Beziehung des Christen mit Gott durch Jesus Christus betont. Das ist eine herrliche und grundlegende Wahrheit. Tatsache ist aber, dass die Bibel vom Anfang bis zum Ende nicht nur vom persönlichen Wandel eines Menschen mit Gott handelt, sondern auch vom Umgang einer Person mit ihren Mitmenschen.

Die Bibel erzählt zahllose Geschichten darüber, wie die Absichten Gottes durch Menschen entweder verwirklicht oder ignoriert werden - durch Familien und Freunde, durch den Umgang miteinander.

Was kommt Ihnen in den Sinn, wenn Sie an folgende Beziehungen denken:

Abraham und Lot
Mose, Aaron und Miriam

Joseph und seine Brüder
David und Jonatan und Saul
Ruth und Naemi
Simson und Delila
Eli, Hophni, Pinehas und Samuel
Maria und Joseph
Jesus und seine Eltern
Jesus und seine zwölf Jünger
Jesus und seine engen Freunde Maria, Martha und Lazarus
Jesus und sein Vetter Johannes
Paulus, Barnabas und Johannes Markus

Die ganze Bibel lässt uns wissen, dass die Interaktion zwischen Gott und Mensch nicht in irgendeiner abgehobenen, spirituellen, mystischen Welt stattfindet, wo die Menschen auf einem Berg mit Gott allein sind. Obwohl biblische Helden gewiss solche Gipfelerfahrungen hatten, bewährt und erweist sich die Realität dieser Erfahrungen im Kontext der Beziehungen, in denen sie leben.

Mit anderen Worten entscheidet der wirkliche Zustand des »Beziehungsaltars« in Ihrem Leben darüber, wie weit sich Ihr Wandel mit Gott und die Botschaft oder Salbung, die Sie zu haben meinen, bewährt oder nicht.

Die Bibel vergleicht die Bundesbeziehung zwischen uns und Gott mit der Ehe, während sie unsere wechselseitigen Beziehungen mit denen einer Gemeinschaft oder Familie vergleicht. Die Bibel handelt von einem Bund.

Und ein Bund ist - einfach ausgedrückt - der heilige Zustand, durch den wir Gott, uns selbst und einander verstehen und in Beziehung treten.

Sicher werden alle unsere Beziehungen keine Vollkommenheit erreichen und manche Belastungen und Schwierigkeiten mit sich bringen. Jesus selbst machte mit den Menschen, die er liebte, schwierige Zeiten durch. Er erlebte Phasen, in denen seine Eltern und Brüder seine Botschaft nicht verstanden. Er erlebte Enttäuschungen mit seinen engen Freunden Maria, Martha und Lazarus (Johannes 11,32-34). Er machte eine Zeit durch, in der sein Vetter - gerade der, der seinen öffentlichen Dienst angekündigt hatte -, an ihm zu zweifeln begann (Lukas 7,20).

Was notwendig ist, um die Flamme in unserem Leben am Brennen zu halten, sind nicht vollkommene Beziehungen, sondern die Wertschätzung und das Reifen in unseren Beziehungen, so wie Gott es verlangt. Gott schätzt innige Beziehungen der Liebe und Wahrhaftigkeit; und das müssen auch wir tun!

Gott schätzt Beziehungen

Gott schätzt Beziehungen so sehr, dass *er selbst* eine Gemeinschaft ist - Vater, Sohn und Heiliger Geist. Sein Krönungsakt der Schöpfung war, im Garten *Gemeinschaft* zu schaffen. Es ist interessant, dass Gott nicht einfach *Beziehung* schuf, sondern *Gemeinschaft*. Zwei sind eine Beziehung - Gott und Adam. Aber Gott sagte, dass es für Adam nicht gut sei, allein zu sein; deshalb erschuf er Eva und begründete damit Gemeinschaft.

Könnte es sein, dass wir bei allem Predigen und Lehren über eine persönliche Beziehung mit Gott versäumt haben, die klare Lehre der Bibel zu erkennen, nach der keine Beziehung mit Gott möglich ist, ohne dass wir sie in der Beziehung mit anderen Menschen umsetzen?

> *»Daran wird jedermann erkennen, daß ihr meine Jünger seid, wenn ihr Liebe untereinander habt«*
> (Johannes 13,35).

> *»Eine reine und makellose Frömmigkeit vor Gott, dem Vater, ist es, Waisen und Witwen in ihrer Bedrängnis zu besuchen ...«* (Jakobus 1,27a).

> *»Wenn nun ein Bruder oder eine Schwester ohne Kleidung ist und es ihnen an der täglichen Nahrung fehlt, und jemand von euch würde zu ihnen sagen: Geht hin in Frieden, wärmt und sättigt euch!, aber ihr würdet ihnen nicht geben, was zur Befriedigung ihrer leiblichen Bedürfnisse erforderlich ist, was würde das helfen?«* (Jakobus 2,15-16).

> *»Geliebte, wenn Gott uns so geliebt hat, so sind auch wir es schuldig, einander zu lieben«* (1. Johannes 4,11).

> *»Wenn du nun deine Gabe zum Altar bringst und dich dort erinnerst, daß dein Bruder etwas gegen dich hat, so laß deine Gabe dort vor dem Altar und geh zuvor hin und versöhne dich mit deinem Bruder, und dann komm und opfere deine Gabe!«* (Matthäus 5,23-24).

Sehen Sie! Da ist es wieder: dieses Konzept eines *wohlgefälligen* Opfers!

Aber vielleicht sagen Sie: »Meine Opfer können ja nie vollkommen sein; deshalb kam Jesus im Neuen Bund. Er ist mein Opfer und meine Gabe, die Gott wohlgefällig ist.«

Aber diese Worte in Matthäus 5, geliebte Mitchristen, wurden *von* Jesus gesprochen! Er gibt uns zu verstehen, dass wir kein »Lobopfer« bringen können, dass wir nicht in Gottes Gegenwart kommen können, dass wir nicht erwarten können, im Geist und in der Wahrheit anzubeten, und dass wir kein wohlgefälliges Opfer darbringen können, wenn unsere Beziehungen durch Konflikte zerrüttet sind.

Was würde im geistlichen Klima von Städten und Gemeinden geschehen, wenn wir einfach diese Worte Jesu befolgen würden?

Wie viele Gemeinden in unserem Land wurden unter Spaltungen und Konflikten oder durch Absplitterung von anderen Gemeinden geboren, ohne dass Vergebung, Heilung und Versöhnung geschehen sind?

Trotzdem machen wir weiter, als wäre Gott verpflichtet, uns zu erhören und unsere Opfer anzunehmen. Doch er stellt unmissverständlich fest: Wenn wir die Versöhnung untereinander nicht dadurch zum Ausdruck bringen, dass wir wohlgefällige *Altäre* bewahren, können wir auch nicht erwarten, dass unsere *Opfer* angenommen werden!

Wie steht es um die Altäre Ihrer Beziehungen?

Die Beziehungen unseres Lebens bilden also den Altar, auf dem das tägliche Opfer dargebracht wird. Der Altar besteht nicht aus Zehnten, aus gemauerten Gebäuden, aus der Entwicklung von Programmen und der Durchführung von Veranstaltungen – so wichtig diese Dinge auch sind. Die Steine unserer Altäre sind »lebendige Steine«; es sind die Beziehungen, die wir mit Gott und mit anderen Menschen haben.

Denken Sie einen Augenblick über Ihre Beziehungsaltäre nach:

DIE STEINE UNSERER ALTÄRE SIND »LEBENDIGE STEINE«; ES SIND DIE BEZIEHUNGEN, DIE WIR MIT GOTT UND MIT ANDEREN MENSCHEN HABEN.

- den **Ehealtar** zwischen Mann und Frau,
- den **Elternaltar** zwischen Eltern und Kindern,
- den **Familienaltar** zwischen Müttern, Vätern, Kindern, Enkeln, Tanten, Onkeln, Kusinen, Vettern, Neffen, Nichten usw.,
- den **Königreichsaltar** Gott wohlgefälliger Freundschaften,
- den **Gemeindealtar** zwischen den Mitgliedern einer Gemeinde, die sich an einem Ort versammeln,
- den **Gemeinschaftsaltar** aller, die zum übergreifenden Leib Christi gehören - städtisch, regional, national und global,
- den **Bürgeraltar** der Menschen, mit denen Sie gesellschaftlich in Beziehung stehen - in Beruf, Freizeit, Politik usw.

Ich bin sicher, dass wir diese Liste nach weiterem Nachdenken noch durch viele andere Arten von Altären ergänzen könnten. Worin besteht der gemeinsame Nenner?

Beziehung

Der Zustand dieser Beziehungen wirkt sich ganz entscheidend auf unsere Beziehung zu Gott aus. Die Intensität und Vertrautheit der Liebe in diesen Beziehungen beeinflusst wesentlich, wie stark wir zu Gott hingezogen oder von ihm distanziert werden. Johannes erinnert uns in seinem Brief daran, dass wir nicht behaupten können, Gott zu lieben, solange wir andere Menschen hassen.

Sind Ihre Altäre im Verfall begriffen? Betrachten Sie nicht einfach nur Ihre Teilnahme in der Gemeinde, die Zahl der Konferenzen, die Sie besucht haben, oder die Menge der Zeiten, in denen Sie gebetet oder Ihre Bibel gelesen haben. Prüfen Sie stattdessen Ihre Beziehungen.

In welchem Zustand sind Ihre Altäre?

Werden sie den belastenden und schwierigen Prüfungen standhalten, die zu jeder Beziehung gehören?

Bestehen Ihre Altäre aus Heu, Holz und Stroh oder aus lebendigen Steinen, die im Feuer der glühenden Liebe, der innigen Vergebung und des hingegebenen Dienens geläutert wurden?

Was verlangt Gott in Bezug auf einige Altäre Ihres Lebens gerade jetzt von Ihnen?

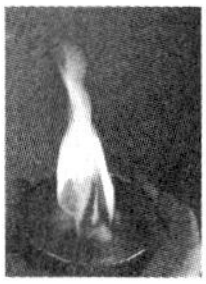

KAPITEL 3

Die vier Höfe: Auf dem Pfad der Bundesbeziehungen

Wir haben nun das biblische Verständnis gewonnen, dass Beziehungen die Grundlage in Gottes Reich bilden. Damit dieses Konzept Teil unseres Paradigmas werden kann, müssen wir erfassen, worin das Wesen von Beziehungen besteht, und die Tatsache erkennen, dass nicht alle Beziehungen gleich sein sollen.

Das richtige Verständnis der verschiedenen Beziehungsebenen lässt uns erkennen, was in diesen unterschiedlichen Aspekten unseres Lebens von uns verlangt wird. Während Sie herausfinden, wie Sie am besten mit den Beziehungen umgehen, die Ihnen anvertraut wurden, sollten Sie im Gedächtnis behalten, dass Gott uns vor allem deshalb auffordert, einträchtig miteinander zu leben, damit wir in Einheit mit ihm leben können.

Anbetung im Tempel

In der Stiftshütte und im Tempel des Alten Testaments wurden Opfer und Gebete in vier verschiedenen Vorhöfen dargebracht. Je näher der Vorhof dem Allerheiligsten war, je stärker waren die Beschränkungen, so dass immer weniger Personen anwesend sein durften. Der Weg durch die Vorhöfe bedeutete in gewissem Sinn, Gott näher zu kommen. Je mehr man sich dem Allerheiligsten näherte, desto näher war man Gott.

Letztlich konnte nur der Hohepriester das Allerheiligste betreten und das nur einmal im Jahr. An diesem Tag - dem Jom Kippur, dem Tag der Versöhnung - leistete er Fürbitte für das Volk und brachte Opfer für die Sünden dar.

Für die Juden hatten Stiftshütte und Tempel drei Bereiche:

den äußeren Vorhof, den inneren Vorhof und das Allerheiligste. Zu der Zeit von Herodes gab es im äußeren Teil des Herodestempels einen zusätzlichen Bereich: den Vorhof der Heiden. Für unsere Zwecke werden wir alle vier Bereiche betrachten:

- den Vorhof der Heiden
- den äußeren Vorhof
- den inneren Vorhof oder das Heiligtum
- das Allerheiligste

Diese Höfe und der Weg durch sie hindurch vom Alltäglichen zum Heiligen kann für uns eine anschauliche Orientierung sein, wenn wir den Verlauf von Bundesbeziehungen nicht nur mit Gott, sondern auch mit anderen Menschen betrachten.

Als ich diese Vorhöfe untersuchte und studierte, stieß ich auf verschiedene Prinzipien, die unsere Anbetung als *Hüter der Flamme* leiten können. Diese Prinzipien lassen sich am besten als Ebenen verstehen, die den vier Bereichen der Anbetung und Beziehung entsprechen.

- Verbindung - der Vorhof der Heiden
- Kooperation - der äußere Vorhof
- Hingabe - der innere Vorhof
- Bund - das Allerheiligste

Verbindung - der Vorhof der Heiden

Der Vorhof der Heiden war den Menschen vorbehalten, die außerhalb des Bundes Israels standen. Er war für Nicht-Juden bestimmt, damit auch sie einen Ort hatten, um sich Gott zu nahen. Diese gläubigen Nicht-Juden wurden »Gottesfürchtige« genannt.

Dieser Bereich könnte die am wenigsten vertrauten Beziehungen Ihres Lebens symbolisieren, wahrscheinlich zu Ungläubigen oder Christen, mit denen Sie nur eine weitläufige Beziehung haben. Die Tatsache, dass diese Beziehungen nicht *innig* sind, bedeutet allerdings nicht, dass sie nicht *wichtig* wären. In gewisser Hinsicht sind sie sogar *sehr* wichtig. Der Herr sagte den Israeliten immer wieder, wie sie Ausländer und Fremde in ihrer Mitte behandeln sollten. In der Thora steht: *»Der Fremdling, der sich bei euch aufhält, soll euch gelten, als wäre er bei euch geboren, und du sollst ihn lieben wie dich selbst; denn ihr seid auch Fremd-*

linge gewesen im Land Ägypten. Ich, der HERR, bin euer Gott« (3. Mose 19,34).

Mit Freundlichkeit und Fürsorge in Verbindung treten

Durch das Gleichnis vom barmherzigen Samariter betonte Jesus, dass wir unbedingt darauf achten müssen, wie wir Menschen behandeln, die nicht »im Glauben« oder nicht im Bund mit dem lebendigen Gott leben. Dieses Gleichnis ist besonders interessant, wenn wir berücksichtigen, dass Juden die Samariter als Bürger zweiter Klasse betrachteten. Sie waren die ethnisch Ausgestoßenen jener Zeit.

Doch als Jesus seinen jüdischen Zuhörern diese Geschichte erzählt, macht er nicht den Verwundeten zum Samariter, um die Freundlichkeit des jüdischen Priesters zu betonen, der ihm hilft. Stattdessen macht er den Samariter zum Helden der Geschichte!

> *Da erwiderte Jesus und sprach: Es ging ein Mensch von Jerusalem nach Jericho hinab und fiel unter die Räuber; die zogen ihn aus und schlugen ihn und liefen davon und ließen ihn halbtot liegen, so wie er war. Es traf sich aber, daß ein Priester dieselbe Straße hinabzog; und als er ihn sah, ging er auf der anderen Seite vorüber. Ebenso kam auch ein Levit, der in der Gegend war, sah ihn und ging auf der anderen Seite vorüber. Ein Samariter aber kam auf seiner Reise in seine Nähe, und als er ihn sah, hatte er Erbarmen; und er ging zu ihm hin, verband ihm die Wunden und goß Öl und Wein darauf, hob ihn auf sein eigenes Tier, führte ihn in eine Herberge und pflegte ihn. Und am anderen Tag, als er fortzog, gab er dem Wirt zwei Denare und sprach zu ihm: Verpflege ihn! Und was du mehr aufwendest, will ich dir bezahlen, wenn ich wiederkomme. Welcher von diesen Dreien ist deiner Meinung nach nun der Nächste dessen gewesen, der unter die Räuber gefallen ist?* (Lukas 10,30-36).

Wie behandeln wir als Christen, die in einer Bundesbeziehung mit Gott leben, Menschen, die außerhalb dieses Bundes stehen?

Ich bin sehr besorgt über den Eindruck, den die Gemeinde in der Welt hinterlässt. Es scheint, als würden die meisten Ungläubigen die Gemeinde für einen Ort voller Verdammnis und Verurteilung halten, der ihnen nichts zu sagen hat.

Wie werden Sie von den Menschen wahrgenommen, mit denen Sie in einer weitläufigen Beziehung stehen?

Bemühen Sie sich aktiv darum, die Tür der Kommunikation mit ihnen offen zu halten? Gehen Sie aus Ihrer Bequemlichkeitszone heraus, wie Jesus es tat und wie er es auch von anderen forderte, wenn er am Brunnen mit Frauen zweifelhaften Rufs, mit Zöllnern bei ihren Festen und mit Sündern sprach, wo immer er sie antraf?

Diese Menschen des »Vorhofs der Heiden« waren überhaupt nicht religiös. Aber sie fühlten sich bei Jesus wohl; sie öffneten ihm sogar ihr Herz, weil Jesus ihnen die Liebe Gottes vermitteln konnte.

Als Boten der Guten Nachricht in Verbindung treten

Der Vorhof der Heiden ist auch der Ort der Evangelisation. Er ist der Ort, an dem wir in unserer Umgebung engagiert sind und aktiv über die vier Wände unserer Gemeinde hinausgehen, damit wir Salz und Licht sein können.

Denken Sie daran, dass wir als Kinder des Lichts und *Hüter der Flamme* nicht Träger eines Lichts sind, das die Menschen mit richtenden oder verurteilenden Worten und Taten versengt und Brandwunden hinterlässt. Ganz im Gegenteil sollen wir den Menschen im Vorhof der Heiden mit der Liebe des Vaters begegnen, der die Verlorenen immer retten will, indem wir die Wahrheit in Liebe sagen. Wir sind nicht blind für sündige Taten und tolerieren sie nicht, aber wir sind offen dafür, den Sünder anzunehmen und zu lieben, der die Gute Nachricht hören muss, dass Gott eine Bundesbeziehung mit ihnen eingehen will. Menschen sind eingeladen, in seinen Vorhof und seine Gegenwart zu kommen. Oft erfolgt diese Einladung von und durch uns. Wir sind die Torhüter, die den Außenstehenden - Menschen, denen die Wege Gottes fremd sind -, den Weg öffnen, damit sie Gottes Liebe und Gnade durch unsere Beziehungen mit ihnen erfahren.

Fragen Sie sich bitte, mit welchen Ungläubigen Sie aktiv eine Beziehung pflegen. In welchem Bereich Ihrer Umgebung engagieren Sie sich, der Sie in eine regelmäßige, wachsende Beziehung zu Menschen stellt, denen Sie von Gott erzählen können?

Ich glaube, die Gemeinde wäre wesentlich dynamischer und hätte den Menschen mehr zu sagen, wenn wir sie nicht als »Projekte« betrachten würden, die »errettet« werden müssen, sondern als Freunde, denen wir auf natürliche Weise das *Leben* Gottes weitergeben können, indem wir unseren Alltag miteinander teilen. Ich bin dankbar für evangelistische Programme und die Erfolge, die sie tatsächlich haben, aber ein evangelistischer Lebensstil bleibt der *effektivste* Weg zu echten Bekehrungen und authentischer Nachfolge.

Ich glaube, die Gemeinde wäre wesentlich dynamischer und hätte den Menschen mehr zu sagen, wenn wir sie nicht als »Projekte« betrachten würden, die »errettet« werden müssen, sondern als Freunde, denen wir auf natürliche Weise das **Leben** Gottes weitergeben können, indem wir unseren Alltag miteinander teilen.

Solche Beziehungen müssen im Vorhof der Heiden beginnen. Wir müssen die Initiative ergreifen und bewusst nach solchen Beziehungen suchen.

Kooperation – der äußere Vorhof

Diese Ebene der Interaktion bezieht sich auf Personen in Ihrem Leben, zu denen Sie einen weitläufigen, aber dauerhaften Kontakt haben. Es sind Menschen, die Sie als Bekannte betrachten oder bei denen Sie zwar von freundschaftlichen Beziehungen sprechen würden, die aber nicht unbedingt Freunde sind.

Das sind andere Christen, die eine persönliche Beziehung zu Jesus Christus haben. Sie gehören zwar zu derselben Familie Gottes wie Sie, aber Sie kennen sie einfach nicht näher. Vielleicht sitzen Sie im Gottesdienst neben ihnen und kennen ihre Namen. Vielleicht begrüßen Sie einander freundlich und tauschen oberflächliche Informationen aus, doch wie diese Personen außerhalb solcher beiläufigen Kontakte leben, ist Ihnen nicht bekannt.

Menschen, die wir nur gelegentlich sehen, würden wir vielleicht sogar wie Freunde begrüßen. Es ist interessant, dass wir das Wort »Freund« im amerikanischen Sprachgebrauch sehr leicht in den Mund nehmen. Wenn wir jemanden öfter als einige Male getroffen haben, neigen wir schon dazu, ihn als Freund zu bezeichnen. In anderen Teilen der Welt ist das nicht so.

Im Französischen wird gewöhnlich das Wort *Bekannte* für solche Menschen verwendet. Stellt man zwei Personen einander vor, sagt man zum Beispiel: »Klaus, ich möchte dir Maria vorstellen. Sie ist eine gute Bekannte aus der Schulzeit.« Damit wird die Beziehung als weitläufig definiert.

Mit diesen Mitchristen arbeiten wir in bestimmten Projekten und Veranstaltungen zusammen. Vielleicht arbeiten wir beim Frühjahrsputz in der Gemeinde Seite an Seite oder wir sitzen beim Picknick nebeneinander. Vielleicht werden wir bei einem Gebetsspaziergang durch unser Viertel demselben Team zugeteilt. Aber unsere Zusammenarbeit beruht auf gemeinsamen Aktivitäten, bei denen wir uns nicht zu nahe treten und die frei von Konfrontationen sind. Außerhalb der regelmäßigen Begegnungen in Gottesdiensten, Bibelgruppen, besonderen Gemeindeveranstaltungen oder geplanten Aktivitäten treffen wir uns nie.

Im äußeren Vorhof bringt die Beziehung mit Christus uns miteinander in näheren Kontakt, damit wir etwas gemeinsam oder gemeinschaftlich *tun*. Aber die Werte, Hoffnungen, Träume und Bestrebungen des Anderen kennen wir nicht. Es gibt noch keine wahre Vertrautheit, die es uns ermöglichen würde, die Freude des anderen zu teilen und sein Leid mitzuempfinden.

Besonders deutlich wird das zum Beispiel, wenn in einem Gottesdienst Menschen mit irgendwelchen Nöten eingeladen werden, aufzustehen oder nach vorn zu kommen, damit ihnen gedient und für sie gebetet werden kann. Ein Christ, mit dem wir uns gelegentlich unterhalten haben oder der in der Gemeinde neben uns saß, bricht in diesem Moment plötzlich in Tränen aus und steht auf. Wir sind überrascht. Er wirkte immer so ausgeglichen und freundlich. Doch irgendetwas in seinem Inneren blieb uns verborgen, weil unsere Beziehung sich auf das beschränkte, was wir gemeinsam *taten*, und nicht darauf, in einer Bundesbeziehung zu *sein*. Eine solche Beziehung erfordert mehr als Kooperation; sie setzt Hingabe voraus!

Hingabe - der innere Vorhof

Jetzt haben wir den Ort erreicht, an dem wir wirklich in ernsthafte Beziehungen eintreten. Das sind Beziehungen, die für Ihr Leben Wert und Bedeutung haben.

Mit wem haben Sie eine solche verbindliche Beziehung?

In welche Beziehungen investieren Sie Zeit und Kraft?

Welche Wertvorstellungen bilden den Rahmen und die Grundlage für Ihr Verständnis von Beziehungen?

Für wen würden Sie Ihr Leben einsetzen? Jesus sagt, dass echte Freunde ihr Leben füreinander hingeben. *»Größere Liebe hat niemand als die, daß einer sein Leben läßt für seine Freunde«* (Johannes 15,13). Solche Freundschaften bedeuten mehr als die Bereitschaft, physisch für eine Person zu sterben. In jedem Augenblick, den wir gerade leben, sterben wir diesem Moment. Die Zeit ist ein Prozess des Sterbens von Sekunde zu Sekunde. Wenn wir also unsere Zeit mit einer anderen Person verbringen, »sterben« wir in gewisser Weise für sie. Wenn wir unsere Zeit damit verbringen, einem Freund zu dienen, ihn zu ehren oder auch seinen Charakter gegen Gerüchte oder üble Nachrede zu verteidigen, »sterben« wir für diese Person.

DIE ZEIT IST EIN PROZESS DES STERBENS VON SEKUNDE ZU SEKUNDE. WENN WIR ALSO UNSERE ZEIT MIT EINER ANDEREN PERSON VERBRINGEN, »STERBEN« WIR IN GEWISSER WEISE FÜR SIE.

Loyalität ist ein wesentlicher Aspekt der Hingabe in diesem Bereich von Beziehungen. In der heutigen Kultur ist Loyalität eine vergessene Kunst. Wir driften ziellos von einer Beziehung zur anderen, von einem Umfeld zum anderen, und bleiben nur, solange es uns leicht fällt; doch nur selten, wenn überhaupt, schlagen wir Wurzeln, um langfristige Beziehungen aufzubauen. Weite Teile der Gesellschaft leben aufgrund zerrütteter Beziehungen in tiefer Traurigkeit. Junge Menschen, die heute erwachsen werden, sind die erste Generation, in deren Erfahrung viele Faktoren zu zwischenmenschlicher Distanz und Beziehungsschmerz geführt haben.

Scheidungen sind eine Realität, die viele Menschen sowohl als Kinder erlebten, deren Eltern sich scheiden ließen, wie auch als Erwachsene, deren eigene Ehe geschieden wurde. Diese Realität verändert die gesellschaftliche Landschaft unseres Landes und das Konzept der Familie. Frauen haben sich in den letzten Jahrzehnten in großer Zahl der beruflichen Arbeitswelt angeschlossen und damit oft das Gefühl familiärer Stabilität geschwächt. Die Gesellschaft verlangt den Kindern mehr ab; Sport und Musikunterricht nehmen immer mehr Zeit in Anspruch, da Eltern versuchen, »ihre Sache richtig zu machen«, und ihre Kinder mit Dingen beschäftigen, die ihnen die richtigen Vorteile verschaffen sollen. Eine wachsende Zahl solcher Angebote findet inzwischen an Sonntagen statt, die früher in unserer Kultur als Tag für Gottesdienst und Familie galten.

Und dann die Unterhaltung: Kinofilme, Videospiele, Internet, Einkaufszentren. Sie alle locken verführerisch und allzu oft fallen wir Christen in dieselben Verhaltensweisen wie die Welt. Wir kleiden uns möglichst in die neuesten Modefabrikate, statt wirklich darauf zu achten, Gottes Geld gut zu verwalten, indem wir beim Einkauf mehr auf Qualität als auf Modetrends achten. Wir lassen uns weiter von der Kultur prägen, statt zu erkennen, dass wir als Christen der Kultur des Reiches Gottes angehören, die über die weltliche Kultur hinausweist und ihr im Allgemeinen völlig widerspricht.

Wem oder was gilt mitten in alledem Ihre Hingabe?

Wollen Sie die Entscheidung treffen, in solche Bereiche tiefer Freundschaftsbeziehungen zu investieren, die eine dreißig-, sechzig- oder hundertfache Ernte einbringen? Oder werden Sie sich entscheiden, Ihre Zeit mit einer Unterhaltung zu vergeuden und zu verschwenden, die schon im nächsten Augenblick verflogen ist?

Der Preis echter Beziehungen

Im nächsten Kapitel werden wir uns mit dem letzten Hof des Tempels, dem Allerheiligsten, beschäftigen. Doch bevor wir das tun, möchte ich einige Besorgnis erregende Aspekte ansprechen, die ich bei einigen Beziehungen auf der Ebene des »inneren Vorhofs« beobachtet habe.

In den Jahren meines Dienstes habe ich die Erfahrung gemacht, dass Worte leicht gesagt sind. Unzählige Male sind Leute zu mir gekommen und haben gesagt: »Robert, Gott hat mir gezeigt, dass ich dich unterstützen soll. Der Herr sagte, ich soll dir helfen, und ich werde regelmäßig in Kontakt mit dir bleiben, um herauszufinden, wie ich ihm gemeinsam mit dir dienen kann.« Oder: »Robert, Gott hat mir gesagt, dass ich finanziell in deinen Dienst investieren soll und ich werde dich regelmäßig unterstützen.«

Doch wenn die Position, die solche Menschen innerhalb des Dienstes erhalten, nicht so glanzvoll oder ihr Interesse am Neuen verflogen ist oder wenn ihnen bewusst wird, dass die finanzielle Investition in unseren Dienst ihnen nicht die Anerkennung oder besondere Gunst einbringt, die sie vielleicht erwartet hatten, verschwinden sie sang- und klanglos. Sie gehen auf die Suche nach einem anderen Dienst oder einer anderen Erfahrung, die aufregend und unterhaltsam ist. Eine solche »Freundschaft« ist überhaupt keine Freundschaft.

Welchen Dingen gilt Ihre Hingabe? Mit wem bauen Sie gemeinsam etwas im Leben auf? Wer kann auf Sie zählen - nicht dann, wenn es Spaß macht und aufregend ist, sondern wenn es mühsam und langweilig wird?

Wahre Treue und Hingabe zeigen sich darin, dass Sie treu zu der Vision und den Menschen stehen, mit denen Gott Sie verbunden hat, und zwar **besonders** in den schwierigen Zeiten.

Vor großem Publikum, bei bewegender Musik und spannenden Aufgaben ist **Treue** leicht. Aber das ist keine wahre Treue, keine wahre Hingabe. Wahre Treue und Hingabe zeigen sich darin, dass Sie treu zu der Vision und den Menschen stehen, mit denen Gott Sie verbunden hat, und zwar *besonders* in den schwierigen Zeiten, den schmerzlichen Erfahrungen und im Verborgenen. Das ist es, wonach Gott sucht; das ist die Perspektive des Reiches Gottes!

Damit ist nicht gesagt, dass Beziehungen sich nie ändern, dass Menschen nie an einen anderen Ort ziehen oder dass Gott sie nie veranlassen wird, von einer Gemeinde in eine andere zu wechseln. Ich spreche nicht von einer falschen, blinden Loyalität, die keinen Raum für Wachstum und für Gottes Führung in Ihrem Leben lässt.

Was ich sagen *will*, ist Folgendes: Wenn solche Veränderungen auftreten (denn sie werden und sollten auftreten), sollten die Vorgehensweise und die Rahmenbedingungen dem Reich Gottes entsprechen, um sicher zu sein, dass die Veränderung wirklich vom Wort Gottes geleitet ist, statt von unseren eigenen Launen und Wünschen.

Da wir nicht die *Werte des Reiches Gottes* verinnerlicht haben, die zu entsprechenden *Vorgehensweisen* und *Rahmenbedingungen* führen, ernten wir die faulen Früchte, die dann entstehen, wenn wir einen Dienst im Reich Gottes mit den *Systemen* Babylons (oder der Welt) zu erfüllen versuchen. Ein anschauliches Beispiel für die Art und Weise, wie wir nach weltlichen Maßstäben statt nach Gottes Maßstäben handeln, ist das Einstellungsverfahren für Pastoren in manchen Gemeinden.

In den meisten Ortsgemeinden werden Pastoren »gewählt« und »abgewählt« – allzu oft nach dem Belieben der Gemeindemitglieder oder der Leiter ihrer Denomination oder aufgrund der Aussicht auf eine bequemere Dienstzuweisung. Die meisten Pastoren bleiben nur relativ kurz in ihrem Dienstbereich. Ist das richtig?

Geliebte Mitchristen, es dauert *Jahre*, echte Beziehungen aufzubauen; Beziehungen wachsen nicht über Nacht. Vertrauen muss gegründet, gepflegt und bewahrt werden. Wenn die pastorale Leitung einer Glaubensgemeinschaft alle vier oder fünf Jahre wechselt, wie soll ein Leiter oder eine Leiterin überhaupt die *Möglichkeit* haben, tief schürfende Kontakte zu den Christen dieser Gemeinde zu entwickeln, ganz zu schweigen von nennenswerten

Beziehungen der Gemeindemitglieder untereinander in ihrem Dienst für Christus?

Jugendpastoren, denen wir die nächste Generation von Nachfolgern anvertrauen, haben eine durchschnittliche Dauer von *achtzehn Monaten* in einer lokalen Gemeinde. Erwarten wir denn, dass ein Vertrauen, das zu Verantwortlichkeit und wahrer Nachfolge führt, über Nacht entsteht? Und was ist mit den seltenen Fällen, in denen es tatsächlich wächst - welchen Preis bezahlen unsere jungen Leute, wenn ihr Vertrauen gebrochen wird, weil ihr Leiter weggeht? Wir brauchen uns nicht zu wundern, wenn wir ziellose, unzufriedene Jugendliche haben - wir haben ihnen keine solide Gemeinschaft geboten, in der sie reif werden können!

WIR BRAUCHEN UNS NICHT ZU WUNDERN, WENN WIR ZIELLOSE, UNZUFRIEDENE JUGENDLICHE HABEN – WIR HABEN IHNEN KEINE SOLIDE GEMEINSCHAFT GEBOTEN, IN DER SIE REIF WERDEN KÖNNEN!

Ein Problem des Systems

Nein, ich gebe die Schuld nicht den Jugendpastoren! Wir haben hier ein Problem des Systems an sich. Viele der heute benutzten Systeme, wie man Gemeinde »praktiziert«, haben nicht dazu beigetragen, Leben, Vitalität und eine geistliche Autorität im Miteinander der Generationen hervorzubringen. Allzu oft waren wir nur ein Spiegelbild der Kurzlebigkeit und Wurzellosigkeit unserer Kultur, statt das zu tun, was wirklich nötig ist, um unsere Regionen und Generationen zu prägen, indem wir bewusst Altäre langfristiger Beziehungen pflegen und den Preis echter Hingabe zahlen.

Als *Hüter der Flamme* müssen wir in unseren Beziehungen des »inneren Vorhofs« über Oberflächlichkeit hinauswachsen. Es ist an der Zeit, unsere Verantwortung wahrzunehmen und auf echte Hingabe, Loyalität und Beständigkeit zu achten. Wenn wir diesen Preis nicht zahlen, wird die Flamme nur schwach flackern und wir werden weder Tiefgang noch Fortschritte bei unseren

Bemühungen erzielen, für diese oder zukünftige Generationen das Reich Gottes voranzutreiben.

Falls wir jedoch das Risiko eingehen und die Bereitschaft aufbringen, den Preis zu zahlen, werden wir feststellen, dass die Flamme nicht nur stark zu lodern beginnt, sondern dass wir uns auch dem heiligsten Ort des Bundes nähern - dem Allerheiligsten.

KAPITEL 4

Das Allerheiligste: Der Ort des Bundes

Wir sind berufen, ein Volk des Bundes zu sein.

Wir stehen in einem Bund mit Gott und bringen dies zum Ausdruck, indem wir in Bundesbeziehungen miteinander leben. *Ein Bund muss etwas bedeuten*. Er muss notwendigerweise über nette Worte hinausgehen. Ein Bund stellt ein solides Fundament dar, auf das wir unser Leben gründen. Wenn wir völlig in Gottes Gegenwart im Allerheiligsten eintreten, sind wir zu bleibenden Bundesbeziehungen miteinander berufen.

Die Mentalität unserer heutigen Gemeinde wurde wesentlich von der modernen amerikanischen Kultur beeinflusst, die (obwohl sie eine Republik ist) vom Gedankengut und der Sprache der Demokratie durchdrungen ist - einem Konzept, das sich im Griechenland des Altertums findet. Von frühester Kindheit an sprechen Kinder heute über ihre »Rechte« und die Tatsache, dass dies ein freies Land ist, wo jeder tun kann, was er will, weil wir unabhängig sind. Begriffe wie Loyalität, Opfer, Verantwortung und Disziplin sind selten zu hören und werden kaum gelehrt.

BEGRIFFE WIE LOYALITÄT, OPFER, VERANTWORTUNG UND DISZIPLIN SIND SELTEN ZU HÖREN UND WERDEN KAUM GELEHRT.

Allzu oft wurde unsere Gemeindekultur von der Kultur Amerikas - der Gesellschaft als Ganzes - geprägt, in der man den einen Leiter wählt und einen anderen abwählt. Aktieninhaber erlangen durch die Anteile, die sie kaufen, Rechte an einem Unternehmen. Zu viele Christen meinen, ihr Name auf der Mitgliederliste berechtige sie zu gewissen Ansprüchen. Aber all das ist Teil eines Systems, das man Demokratie nennt. Eine Demokratie mag eine großartige Struktur sein, um eine Nation zu leiten - aber eine Demokratie ist nicht maßgebend für das Leben im Reich Gottes!

Das Reich Gottes ist keine Demokratie. Als Christen haben wir keine Rechte; die lassen wir am Kreuz! Das demokratische System hat seine Wurzeln in der griechischen Denkweise und Philosophie, aber wir sind keine Kinder Griechenlands; wir sind Söhne und Töchter Zions! (Sacharja 9,13).

Verträge versus Bund

Verträge, die auf individuellen Rechten beruhen, sind im Wesentlichen dazu bestimmt, den Einzelnen in solchen Fällen zu schützen, in denen der Andere zum »Feind« wird. Sie gehen von der Annahme aus, dass sie gebrochen werden, und nennen alle Folgen und Strafen für den Fall eines Vertragsbruchs. Ein Vertrag definiert, wie weit ein Einzelner gehen wird, um denjenigen zu schützen, an den er vertraglich gebunden ist, bevor eine bestimmte Grenze überschritten ist und es die betreffende Person wirklich etwas kosten wird.

Verträge, die auf dem Denken des griechischen Altertums beruhen, sind im Grunde genommen billig und sicher. Es wird klar definiert, worauf man sich einlässt und wie man aus dem Vertrag wieder herauskommt.

Ein **Bund** beruht auf der engen Verbindung von Familien oder Stämmen und ist dazu bestimmt, die Familie oder den Stamm zu stärken und ein Bündnis gegen gemeinsame Feinde zu bilden. Er geht von der Annahme aus, dass er nie gebrochen werden wird, nicht einmal nach Generationen. Und obwohl es klare und drastische Konsequenzen für einen Bundesbruch gibt, besteht die Erwartung, dass der Bund ungebrochen bleiben wird. Deshalb schließt man einen Bund nie leichtfertig. Statt Grenzen abzustecken, wie weit die eine Seite für die andere gehen wird, ist ein Bund eine Beziehung, in der die Beteiligten füreinander da sind, *selbst zu ihrem eigenen Nachteil*. Das ist ein echter Bund!

Ein Bund legt fest, was von Dauer sein wird und nicht gebrochen werden kann. Ein Bund ist nicht billig. Er hat einen Preis - ja, er kostet uns sogar alles. Wir versprechen, mit unserem Leben füreinander einzustehen.

Um diese außerordentlich wichtige Tatsache richtig zu verstehen, auf der unser Glaube beruht, wollen wir die Auswirkungen eines Bundes genauer betrachten.

Ein Bund bestimmt eine Identität

Wer sind wir ohne Gott? Uns Christen erscheint heute schon der bloße Gedanke seltsam. Nachdem Gott vor Jahrtausenden einen Bund mit der Menschheit schloss, ist uns die Vorstellung eines Lebens ohne ihn völlig fremd. Wenn wir die Größe des göttlichen Bundes begreifen wollen, müssen wir in jene erste Zeit zurückkehren, als Gott mit einem Menschen einen Bund schloss.

In unserem persönlichen Leben mit dem Herrn können die meisten von uns den genauen Augenblick benennen, als wir zum ersten Mal zu ihm kamen. So wie unsere Erlösung geschah, als wir das Opfer des Lebens Jesu am Kreuz annahmen, hatte auch der erste Kontakt Gottes mit dem Menschen einen hohen Preis. Über der tiefen Kluft, die die Menschheit von ihrem Schöpfer trennte, gab es nicht immer eine Brücke.

Der Mensch Abram lebte für sich allein auf dieser Erde. Ohne göttliche Zuwendung war er nur ein Mensch wie alle anderen. Nachdem er einen Bund mit dem höchsten Gott geschlossen hatte, war er verwandelt. Er erhielt einen neuen Namen, aber nicht irgendeinen beliebigen Namen. *Der Herr, Gott – Jahwe –, legte seinen eigenen Namen in Abram.* Hören Sie den Klang des Namens Gottes (›Jah‹) in diesen neuen Namen:

> *Siehe, ich bin der, welcher im Bund mit dir steht; und du sollst ein Vater vieler Völker werden. Darum sollst du nicht mehr Abram heißen, sondern Abraham soll dein Name sein; denn ich habe dich zum Vater vieler Völker gemacht.*
>
> *Und Gott sprach weiter zu Abraham: Du sollst deine Frau Sarai nicht mehr Sarai nennen, sondern Sarah soll ihr Name sein* (1. Mose 17,4-5.15).

Als Gott einen Bund mit dem Menschen einging, legte er etwas von seinem eigenen Sein in ihn hinein. So wie Gott eines Tages Mensch wurde, um sein Volk zu retten, kam er in einer gewissen Hinsicht schon lange zuvor in die Menschheit. Als Gott mit der Menschheit einen Bund schloss, kostete es ihn seinen Namen und uns gab es unseren Namen. Als er seinen Bund mit dem Menschen erfüllte, kostete es Gott seinen Sohn und uns gab es ewiges Leben.

Der Bund bringt Erlösung

Gottes Verheißung an den Menschen stellt unsere einzige Hoffnung auf Errettung dar. Würde er nicht unwiderruflich zu uns stehen, könnten wir ihn nie erkennen. Und ohne ihn zu kennen, haben wir nichts, was von Dauer ist. Die Geschichte der Moabiterin Ruth bietet uns ein beeindruckendes Beispiel für die Erlösung durch das Phänomen eines Bundes.

Ruth kannte Gott nicht. Ihr Volk gehörte zu den Heiden, die Israel meiden sollte. Sie lebte, wie es der Apostel Paulus beschreiben würde, »*ohne Hoffnung und ohne Gott … in der Welt*« (Epheser 2,12b; Gute Nachricht). Auf diese Weise gab es für sie nur ein Leben ohne Sinn. In den kommenden Jahren würde niemand sich an ihren Namen erinnern und sie würde in dem Bewusstsein sterben, dass ihr Leben eigentlich bedeutungslos gewesen war. Doch durch die Entscheidung, ihre heidnische Lebensweise für die Lebensweise Israels aufzugeben, erhielt Ruths Vermächtnis eine völlig andere Gestalt.

Wir alle kennen die Geschichte. Die vertrauten Worte »*dein Volk ist mein Volk, und dein Gott ist mein Gott*« (Ruth 1,16b) nehmen wir für selbstverständlich hin. Wir vergessen, dass Ruth sie nicht hätte aussprechen müssen. Sie hätte umkehren können wie Orpa. Wir vergessen, dass Ruths Worte *sie etwas kosteten* und dass *ihr Leben verändert wurde*, indem sie sie aussprach. Es war diese Entscheidung für den Bund statt für eine vertragliche Verpflichtung, die Gott wählte, um durch sie den Lauf der Menschheit zu verändern.

Was wird aus Ruths kompromisslosem Bekenntnis zum Bund der Treue? Die Geschichte beschreibt weiter, wie Gott für Ruth sorgt, indem er ihr jemanden gibt, der das Recht hat, sie freizukaufen. Nachdem Boas Ruth geheiratet hat, bringt sie einen Sohn zur Welt. Aus dem Bund wird ein Kind geboren. Neben dem Segen für Ruth, die Heidin, wird auch Naemi als Kind des Bundes durch dieses Kind gesegnet. Eine Frau, die beide Söhne verlor und verlangte, dass ihr Name fortan »Bitterkeit« lauten sollte, weil der Herr so hart mit ihr umgegangen war, verlässt diese Welt mit Freude statt mit Kummer.

> *Da sprachen die Frauen zu Naemi: Gepriesen sei der HERR, der dir zu dieser Zeit einen Löser nicht versagt hat! Sein Name werde gerühmt in Israel! Der wird nun deine Seele erquicken und dich in deinem Alter versorgen; denn deine Schwiegertochter, die dich liebt, hat ihn geboren, sie, die dir mehr wert ist als sieben Söhne!*
>
> *Und Naemi nahm das Kind und legte es in ihren Schoß und wurde seine Pflegerin. Und ihre Nachbarinnen gaben ihm einen Namen und sprachen: Der Naemi ist ein Sohn geboren! Und sie gaben ihm den Namen Obed. Der ist der Vater Isais, des Vaters Davids* (Ruth 4,14-17).

Nach dem Kind, das Ruth empfing, wurde viele Generationen später ein Kind von Maria empfangen, das der ganzen Welt die Erlösung brachte. Durch ihre Bundesbeziehung wurden Naemi und Ruth Teil der Erlösung, Teil des Bleibenden. In dieser großartigen Geschichte der Treue offenbart sich Gottes Plan der Erlösung als ein Segen, der sowohl Juden als auch Nicht-Juden ewige Hoffnung gibt.

IN DIESER GROSSARTIGEN GESCHICHTE DER TREUE OFFENBART SICH GOTTES PLAN DER ERLÖSUNG ALS EIN SEGEN, DER SOWOHL JUDEN ALS AUCH NICHT-JUDEN EWIGE HOFFNUNG GIBT.

Der Bund gibt eine Bestimmung

Wenn Sie an die guten Dinge zurückdenken, die in Ihrem Leben geschehen sind, überlegen Sie dann manchmal, woher sie kamen?

Wie sind Sie zuerst zur Gemeinde gekommen?

Wie konnten Sie wachsen und zu der Person werden, die Sie heute sind?

Natürlich kommt jede gute Gabe vom Herrn, aber das schließt die Saat nicht aus, die andere Menschen in unser Leben gesät haben. Ja, Gott rettet uns. Aber wir dürfen nicht vergessen, dass Gott auch durch unsere Beziehungen mit anderen Menschen wirkt.

Bundesbeziehungen bedeuten, dass die eine Seite zur anderen sagt: *»Was immer auch geschehen mag: Ich werde diese Beziehung wahren, selbst wenn es zu meinem eigenen Nachteil ist.«* Aller Wahrscheinlichkeit nach sind das die Beziehungen in Ihrem Leben, die Ihnen zu dem Erfolg und der Reife verholfen haben, die Sie heute erreicht haben. Es war jemand nötig - vielleicht ein Lehrer, ein Großvater, ein Freund -, der sagte: *»An diesen Menschen werde ich glauben und nicht aufgeben, bis ich sehe, dass in seinem Leben alles freigesetzt ist, was Gott für ihn vorgesehen hat.«*

Eine solche Bundesbeziehung bestand zwischen David und Jonatan, dem Hirten und dem Prinzen. Durch ihre Geburt war der eine für den Thron, der andere für ein bescheidenes Leben der Arbeit auf dem Feld bestimmt. Was änderte den Lauf ihres Lebens? Ein heiliger Eid vor Gott, der gegen alle Widerstände und unter Todesdrohung bewahrt wurde, bildete den Wendepunkt, der das Leben eines Hirtenjungen verwandelte und ihn zu einem König machte.

> *Und es geschah, als er aufgehört hatte mit Saul zu reden, da verband sich die Seele Jonatans mit der Seele Davids, und Jonatan gewann ihn lieb wie seine eigene Seele. Und Saul nahm ihn an jenem Tag zu sich und ließ ihn nicht wieder in das Haus seines Vaters zurückkehren.*
>
> *Jonatan aber und David* ***machten einen Bund*** *miteinander; denn er hatte ihn lieb wie seine eigene Seele. Und Jonatan zog das Obergewand aus, das er anhatte, und gab es David, dazu seinen Waffenrock, sogar sein Schwert, seinen Bogen und seinen Gürtel* (1. Samuel 18,1-4; Hervorhebung des Autors).

In diesem symbolischen Akt *beugte Jonatan sich den Absichten des Herrn* für sein Leben und das Leben Davids. Statt auf seinem Anrecht auf den Thron Israels zu beharren, verzichtete er auf diese Berufung und letztlich auf sein Leben, damit Gottes Wille geschehen konnte. *Bestimmung ist eine Frage des Bundes*.

Jesus, welcher Sohn Davids genannt wird, ging dann aus einer Abstammungslinie hervor, die es ohne den Bund zwischen Jonatan und David nie gegeben hätte. Der Herr erweist sich als souverän und verherrlicht seinen Namen sogar durch menschliche Beziehungen, wenn sie Wahrheit, Treue und vor allem Liebe ehren.

Indem er seinen Namen in uns legte, bewies Gott, dass er den Menschen nie aufgeben würde, was immer auch geschehen mochte. Indem er eine Heidin in die Abstammungslinie des Messias einpflanzte, deutete Gott auf seine Absicht voraus, Menschen aller Nationen, Stämme und Sprachen zu retten. Und indem er das Herz eines Prinzen dazu bewegte, seinen Titel an einen Hirten abzutreten, besiegelte Gott einen Bund zwischen beiden, durch den er seine Absichten auf der Erde verwirklichte.

Tiefer gehen

Mit wem streben Sie eine Bundesbeziehung an? Wer gehört zu der Hand voll Menschen, denen Sie wirklich die tiefen Bereiche Ihres Lebens öffnen und mit denen Sie ein Leben lang in Verbindung bleiben wollen?

Natürlich sind Ihr Ehepartner und die nächsten Familienmitglieder die Ersten, die zu dieser Ebene verbindlicher Beziehungen gehören.

Aber mit wem streben Sie dieses heilige Band noch an? Sie werden feststellen, dass die Pflege von Beziehungen zu den erfüllendsten Seiten des Lebens gehört. Wir wurden zur Beziehung mit Gott und miteinander erschaffen. Und es ist ein Bund, der diese Beziehung etabliert.

Denken Sie an jeden der vier »Vorhöfe« oder Beziehungskontexte und daran, wie Sie Ihre Beziehungen bewusst und besonders effektiv aufbauen können, um einen Lebensstil des Bundes zu praktizieren. Treffen Sie die Entscheidung, von Beziehungen des »äußeren Vorhofs« zu Beziehungen des »inneren Vorhofs« zu gelangen.

Nehmen Sie diejenigen Beziehungen, die Sie am stärksten beeinflussen, und gehen Sie damit weiter bis ins Allerheiligste. Lassen Sie den Bund zur bleibenden Grundlage Ihrer Beziehungen werden. Als *Hüter der Flamme* wollen wir von der Vertragsebene zur Ebene des Bundes weitergehen und durch Gottes heilige Gegenwart bleibende Beziehungen besiegeln und festigen lassen, die jeder Prüfung und jeder Belastung standhalten werden.

Was bei jedem Altar zu tun ist

»Und der HERR streckte seine Hand aus
und rührte meinen Mund an;
und der HERR sprach zu mir:
Siehe, ich lege meine Worte in deinen Mund!
Siehe, ich setze dich am heutigen Tag über
die Völker und über die Königreiche ein,
um auszurotten und niederzureißen,
und um zu zerstören und abzubrechen,
um zu bauen und zu pflanzen.«

Jeremia 1,9-10

Wie wir im letzten Abschnitt gerade gesehen haben, liegt nicht jede Beziehung auf der Ebene des »Allerheiligsten«. Und genauso, wie wir gelernt haben zu verstehen, welche Absicht (oder Ebene der Vertrautheit) Gott für jede unserer Beziehungen vorgesehen hat, werden wir nun untersuchen, was in jedem dieser Bereiche unseres Lebens zu tun ist.

Nehmen Sie sich beim Lesen der vier Möglichkeiten, mit Ihren Altären umzugehen, genug Zeit, auf das zu hören, was der Herr Ihnen vielleicht sagen möchte. Im oben zitierten Bibeltext wartete Jeremia darauf, dass der Herr ihm *seine* Worte in den Mund legen würde. Er wartete auf Gottes Anweisungen für jede Nation und jedes Königreich, über das er eingesetzt worden war.

Geben Sie Gott die Gelegenheit, Ihnen zu offenbaren, was er für jeden Altar Ihres Lebens beabsichtigt. Einige Altäre müssen wiederhergestellt werden, andere müssen völlig abgeschafft werden. In beiden Fällen können wir - sobald wir gewiss sind, seine Stimme klar gehört zu haben -, zuversichtlich vorangehen, da wir wissen, dass die Arbeit an unseren Altären nicht vergeblich sein wird.

Kapitel 5

Die Altäre bauen: Ruf zur Integrität der Beziehung

Dr. Dan Juster, einer der führenden christlichen Denker unserer Zeit, hat eine großartige Familie. Seine Tochter Simcha aß einmal mit meiner Frau und mir in Beersheba, Israel, zu Abend.

Simcha erzählte: »Unser ganzes Leben brachte mein Vater meinen Brüdern, meiner Schwester und mir bei, niemals zu fragen: ›In welche Kirche gehen Sie?‹, sondern: ›Zu welcher Glaubensgemeinschaft gehören Sie?‹ Er schärfte uns immer wieder ein, dass die Kirche nicht aus Gebäuden und Programmen besteht, aus denen man sich etwas aussucht. Es geht vielmehr um eine Reihe lebendiger Beziehungen, denen man sich für gute und für schlechte Zeiten verpflichtet und die man genauso wenig verlässt, wie man seine Familie verlässt. Die »Kirche« ist eine lebenslange Gemeinschaft.«

Würden doch nur mehr Väter und Mütter ihren Kindern beibringen, wie wichtig Beziehungen sind und wie wertvoll Loyalität und Gemeinschaft sind!

Was ist Ihre Glaubensgemeinschaft?

Ich erinnere mich an einen Abend, an dem meine Frau und ich ein Ehepaar besuchten, das wir vor kurzem kennen gelernt hatten. Sie waren christliche Geschäftsleute und gehörten der größten Gemeinde in ihrer Stadt an.

Im Verlauf des Essens fingen sie an, von einigen Schwierigkeiten zu erzählen, die sie in ihrer Ehe und mit einigen Verwandten hatten. Meine Frau und ich hörten einfach zu und boten ihnen eine liebevolle und unterstützende Atmosphäre, während sie sich mitteilten. Bald darauf weinte die Frau und schüttete ihr Herz aus. Wir beteten mit ihnen und sie dankten uns für die gemeinsame Zeit.

Als wir weggingen, sagten sie etwas, das uns erstaunte.

»Vielen Dank, dass Sie uns zugehört und mit uns gesprochen haben«, meinten sie. »Wir haben wirklich niemanden, mit dem wir reden könnten.«

»Wie ist es denn mit Ihrer Gemeinde?«, erkundigte sich meine Frau, sie hoffte, dass das Ehepaar dort Halt und seelische Unterstützung bekommen würde. »Haben Sie da keinen näheren Kontakt zu einigen Leuten?«

»Nein, wir haben dort wirklich keine engen Freunde«, erwiderten sie. »Die Kontakte und die Atmosphäre in der Gemeinde haben eher gesellschaftlichen Charakter.«

»Wie lange gehören Sie dieser Gemeinde an?«, fragte ich.

»Seit zwanzig Jahren«, lautete die Antwort.

Nun, welcher Glaubensgemeinschaft gehören SIE an? Ich frage nicht nach dem Gebäude, das Sie am Sonntagmorgen aufsuchen. Das kann der Ort Ihrer Gemeinschaft sein oder auch nicht. Die Teilnahme an ein oder zwei Veranstaltungen in der Woche, bei denen im Allgemeinen nur eine Person redet und alle anderen zuhören, trägt kaum dazu bei, eine christliche Gemeinschaft wachsen zu lassen. Wenn Ihre Gemeinde Ihnen also nicht aktiv eine »Start- oder Zugangsrampe« zu echten Beziehungen bietet, dann liegt es in Ihrer Verantwortung, selbst anzufangen und zu versuchen, solche Beziehungen aufzubauen.

Die Teilnahme an ein oder zwei Veranstaltungen in der Woche, bei denen im Allgemeinen nur eine Person redet und alle anderen zuhören, trägt kaum dazu bei, eine christliche Gemeinschaft wachsen zu lassen.

Laden Sie einige Leute zu einem Abend der Gemeinschaft zu sich ein. Bieten Sie an diesem Abend auch die Gelegenheit, gemeinsam zu beten und von Glaubenserfahrungen zu berichten. Statt ins Kino zu gehen, nehmen Sie sich Zeit, die Lebensgeschichte der anderen kennen zu lernen und zu erfahren, was

Gott gerade in Ihrer Gemeinschaft tut. Treffen Sie die bewusste, demütige Entscheidung, alle Masken christlicher Perfektion abzulegen und Ihre Schwächen und Schwierigkeiten einzugestehen.

Man braucht dazu keine große Gruppe - schon eine Handvoll Leute, die in Gemeinschaft miteinander leben, können eine Menge Leben hervorbringen!

Hier sind einige praktische Möglichkeiten, die Beziehungsaltäre in Ihrer örtlichen Glaubensgemeinschaft zu bauen:

- Nehmen Sie sich nach dem Gottesdienst Zeit für Gemeinschaft mit anderen. Vielleicht können Sie sogar zusammen essen gehen oder etwas gemeinsam unternehmen.
- Schließen Sie sich einer Kleingruppe an - einem Hauskreis, einer Arbeitsgruppe, einem Bibelkreis oder einer Schulungsgruppe.
- Beteiligen Sie sich an einer Aufgabe, in der Sie Christus gemeinsam mit anderen dienen können, indem Sie Kleinkinder betreuen, in Ihrem Wohngebiet evangelisieren, im Lobpreisteam mitmachen usw.
- Laden Sie andere Gemeindemitglieder zu sich nach Hause ein oder nehmen Sie sie zu Veranstaltungen mit, die ihren Glauben stärken.

GEMEINSCHAFT UND BEZIEHUNGEN KÖNNEN NICHT ETWAS SEIN, DAS WIR NACH BELIEBEN TUN; ES MUSS ETWAS SEIN, DAS WIR VOM WESEN UND UNSERER PRIORITÄT HER SIND.

In den letzten Jahrzehnten haben im evangelikalen Christentum Initiativen, die die Gemeinschaft fördern, deutlich zugenommen, und das ist ermutigend. Die Bewegung der »Promise Keepers« zum Beispiel hat mit außerordentlichem Erfolg Männergruppen aufgebaut, in denen Gebet und die gegenseitige Glaubensstärkung im Mittelpunkt stehen. Das ist sicher ein Schritt in die richtige Richtung.

Allerdings müssen wir darauf achten, Beziehungen *authentisch* zu leben, nicht nur theoretisch. Es ist etwas ganz anderes, zu sagen: »Unsere Gemeinde hat mit einigen Gemeinschaftsgruppen begonnen«, als zu erkennen: »Die Gemeinde IST eine Gemeinschaftsgruppe«. Gemeinschaft und Beziehungen können nicht etwas sein, das wir nach Belieben TUN; es muss etwas sein, das wir vom Wesen und unserer Priorität her SIND.

Seien Sie nicht überrascht, wenn das nicht leicht fällt! Der Feind bekämpft echte christliche Beziehungen mit aller Macht! Deshalb konzentriert er sich auf Beleidigung, Spaltung, Verletzung, Ablehnung, Tratsch usw. Er weiß, dass einer tausend in die Flucht schlagen kann und zwei zehntausend. Die Mächte des Bösen kennen die Macht der Einheit im Reich Gottes und werden alles aufbieten, was in ihrer Macht steht, um diese Kraft zu unterwandern!

Der Feind greift gesunde Beziehung an

Genauso wie wir bei unserem Streben nach echten Beziehungen angegriffen werden, so wurden Nehemia und seine Arbeiter verspottet und beschimpft, als sie beschlossen, den Auftrag des Herrn zu erfüllen und die Mauer wieder aufzubauen. Als die Arbeiter mit Widerstand und Entmutigung konfrontiert wurden, mussten sie sich entscheiden, ob sie diesem Druck nachgeben oder die schwierige Arbeit fortsetzen wollten, die immer nötig ist, wenn etwas Zerstörtes wieder aufgebaut werden soll.

Hören Sie den Aufruf Nehemias, als er beschloss, dem Ruf des Herrn Folge zu leisten und sich unbeirrt für das einzusetzen, was wirklich wichtig ist: ein starkes Fundament für Beziehungen zu bauen, die Gott wohlgefällig sind.

> *Und ich besah es und machte mich auf und sprach zu den Vornehmsten und zu den Vorstehern und zu dem übrigen Volk: Fürchtet euch nicht vor ihnen! Gedenkt an den großen, furchtgebietenden Herrn* ***und kämpft für eure Brüder, eure Söhne und eure Töchter, eure Frauen und eure Häuser***! (Nehemia 4,8; Hervorhebung des Autors).

Wir sind also aufgerufen, für unsere Beziehungen zu kämpfen. Denken Sie daran, dass der Feind unsere Beziehungen tausendfach auf subtile Weise angreifen wird. Angefangen von Verletzungen und Ärgernissen der Vergangenheit, die wir in unseren Herzen nicht vergeben und vergessen haben, bis zu Ängsten und

Zweifeln im Blick auf die Zukunft, wird er alles und jedes aufwenden, um uns davon abzuhalten, einmütig zu leben und zu handeln.

Was immer Sie durch Angriffe gegen Ihre Beziehungen von anderen distanziert, wird die Glut der Liebe und Fürsorge dämpfen und die Liebe zu Ihren Glaubensgeschwistern in der Gemeinde erkalten lassen. Beschließen Sie jetzt, diese Altäre wiederherzustellen und die Flamme zu nähren.

Es ist an der Zeit, DIE ALTÄRE ZU BAUEN! Es ist an der Zeit, zu einem realen, radikalen, ausgewogenen und authentischen Christentum durchzubrechen. Es ist an der Zeit, Nein zu sagen zur vorherrschenden, griechisch geprägten Kultur des Ichs, des Individualismus, des Konsumdenkens und der Selbstbezogenheit und dem Ruf nach Zion zu folgen! Als *Hüter der Flamme* sind wir berufen, für Gott, für unsere Familien und für die Familie der Familien - das Reich Gottes - zu leben!

Kapitel 6

Die Altäre wiederherstellen: Ruf zur Freiheit

Der gefallene Zustand dieser Welt zehrt unablässig am Beziehungsnetz unseres Lebens. Rebellion, Ablehnung, zerrüttete Familien und Missverständnisse zersetzen und demontieren unsere Beziehungsaltäre. Wir alle haben Beziehungen, die unter dem einen oder anderen Problem gelitten haben und über die wir viel Schmerz und Traurigkeit empfinden.

Die Heilung dieser Beziehungen ist nicht nur wegen der emotionalen Verletzung oder Enttäuschung wichtig, die wir über ihre Zerrüttung empfinden. Heilung ist wichtig, weil Beziehungen der Kanal für Gottes Absichten sind. Beziehungen sind die Arterien, Blutgefäße und Kapillaren, durch die das Leben Gottes fließt und den ganzen Leib durchdringt.

Heilung ist wichtig, weil Beziehungen der Kanal für Gottes Absichten sind.

Wenn wir zulassen, dass Beziehungen durch die Sünde der Spaltung zerbrechen, behindern wir Gottes Möglichkeiten, sein überfließendes Leben durch seinen Leib pulsieren zu lassen. Deshalb schreibt Paulus: *»Von ihm aus vollbringt der ganze Leib, zusammengefügt und verbunden durch alle Gelenke, die einander Handreichung tun nach dem Maß der Leistungsfähigkeit jedes einzelnen Gliedes, das Wachstum des Leibes zur Auferbauung seiner selbst in Liebe«* (Epheser 4,16).

Ein solides Fundament

Oft geht es bei den Beziehungsaltären, die wiederhergestellt werden müssen, um einige der frühesten, grundlegenden Beziehungen im Leben eines Menschen: die familiären Beziehungen zwischen Eltern, Kindern, Geschwistern und nahen Verwandten. Vielleicht sind einige Ihrer Angehörigen nicht gläubig. Vielleicht leben einige von ihnen nicht mehr. Es kann schmerzliche Erinnerungen geben, die Sie bis heute von der Freiheit abhalten, die Gnade Gottes so tief zu empfangen und zu geben, wie es eigentlich möglich wäre.

Kehren Sie zu diesen Altären zurück. Schauen Sie sich an, was zerbrochen ist und was Sie tun können, um das Zerbrochene wiederherzustellen. Damit ist nicht gesagt, dass jede Beziehung geheilt und vervollkommnet werden wird. Eine Beziehung setzt voraus, dass beide Beteiligten mitmachen. Aber es bedeutet in der Tat, dass Sie im Segen leben werden, wenn Sie sich bemühen, so weit wie möglich in Liebe, Vergebung und den rechten Beziehungen mit Ihren Angehörigen zu leben - sogar mit denen, die Ihnen vielleicht tiefe Verletzungen zugefügt haben.

Ich bin fest davon überzeugt, dass der Herr durch die innere Heilung im Gebet eine tiefe Wiederherstellung von Beziehungsaspekten selbst dann bringen kann, wenn die beteiligte Person bereits verstorben ist. Bitten Sie den Herrn, Sie in die Tiefen Ihres Herzens zu führen, und bringen Sie ihm diese Wunden oder Bereiche der Unversöhnlichkeit im Gebet, indem Sie Vergebung schenken, wo es nötig ist, und vom Herrn Vergebung für Ihr eigenes Versagen empfangen.

Eingestürzte Brücken wiederaufbauen

Es sind nicht nur die Familienaltäre, die wiederhergestellt werden müssen, sondern auch andere Beziehungen, die zerrüttet wurden.

In meiner Kindheit war unsere Familie in unserer Gemeinde sehr engagiert. Der leitende Pastor begegnete mir immer sehr freundlich und ermutigte mich; er bestärkte mich in meiner Berufung, als ich noch sehr jung war - etwa elf oder zwölf Jahre.

Irgendwann gerieten meine Eltern mit ihm und anderen Leitern der Gemeinde in eine Auseinandersetzung über Lehrfragen und wir verließen die Gemeinde, die mich wirklich genährt und meine Beziehung zu Christus tief beeinflusst hatte.

Jahre später, als ich ein theologisches Seminar besuchte, wurde mir bewusst, wie sehr meine Erkenntnis Christi und mein Gemeindeverständnis durch die Treue dieses Pastors geprägt worden war und welch tiefen Einfluss sein Vorbild auf mein Leben hatte. Obwohl ich seit Jahren nicht mehr mit ihm gesprochen hatte und der Weggang meiner Eltern aus dieser Gemeinde schwierig gewesen war, dankte ich ihm in einem Brief für seine Treue zu der Berufung, die der Herr ihm für sein Leben gegeben hatte, und teilte ihm mit, dass ich mich auf den geistlichen Dienst vorbereitete. Ich ließ ihn wissen, dass das, was er in mein Leben gepflanzt hatte, Frucht brachte, selbst in Bereichen, von denen er nichts wissen konnte.

Ich erhielt einen bewegenden Brief von ihm, in dem er mir für das dankte, was ich zum Ausdruck gebracht hatte. In gewisser Weise war mein Brief auch für ihn Heilung für die Verletzung, die entstanden war, als meine Eltern die Gemeinde verließen, nachdem er sie so viele Jahre lang als Pastor begleitet hatte.

Wiederherstellung durch Demut

Es gibt viele Wege, zerrüttete Altäre wiederherzustellen. Das bedeutet nicht, dass wir uns an die Vergangenheit fesseln oder nach Dingen suchen sollten, die sich verändert haben, um alles wieder in den ursprünglichen Zustand zurückzuversetzen. Das wäre unrealistisch und ungesund. Aber es bedeutet, dass wir diejenigen zwischenmenschlichen Vorfälle in unserem Leben, die belastend oder verletzend waren, so ehrlich wie nur möglich prüfen sollten, um für jedes Unrecht um Vergebung zu bitten, das wir anderen zugefügt haben, und allen zu vergeben, die uns Unrecht taten.

Den Menschen, die in ihrem Leben Gottes Willen erfüllen wollen, wird geboten, ihre zwischenmenschlichen Beziehungen zu achten, indem sie sich bemühen, auf Verletzungen mit Vergebung und auf Feindseligkeit mit Liebe zu antworten.

Eine der Beziehungen in der Bibel, die vielleicht am tiefsten zerrüttet war, war die zwischen Jakob und Esau. Vom Mutterleib an rangen sie um Segen und lebten deswegen ständig im Streit. Nachdem Jakob schließlich den Segen seines Vaters und den Segen Gottes bekommen hatte, war er dennoch nicht zufrieden. Der Herr verlangte von ihm, dass er das Unrecht seinem Bruder gegenüber bekannte und sich darum bemühte, ihre Beziehung wieder in Ordnung zu bringen. Obwohl er sich sehr vor dem Zorn Esaus fürchtete, gehorchte Jakob dem Herrn - auch auf die Gefahr hin, all das zu verlieren, worum er so sehr gerungen hatte. Er setzte alles daran, um mit seinem Bruder wieder in Frieden zu leben.

> *Da lief ihm Esau entgegen, umarmte ihn, fiel ihm um den Hals und küßte ihn; und sie weinten. Jakob antwortete: O nein! Habe ich Gnade vor deinen Augen gefunden, so nimm doch das Geschenk an von meiner Hand; denn deshalb habe ich dein Angesicht gesehen, als sähe ich Gottes Angesicht, und du warst so freundlich gegen mich! Nimm doch den Segen, der dir überbracht worden ist, von mir an; denn Gott hat mich begnadigt, und ich bin mit allem versehen! So drang er in ihn, daß er es annehmen sollte*
> (1. Mose 33,4.10-11).

WENN STREITENDE SICH STÄRKER AUF DIE GNADE GOTTES KONZENTRIEREN, ALS AUF IHR EIGENES RECHTS- ODER UNRECHTSEMPFINDEN, SIND SIE NICHT LÄNGER AN DIE VERGANGENHEIT GEBUNDEN, SONDERN WERDEN DAVON FREI.

Als Grund, weshalb er fähig war, Esau die Hand zu reichen, nennt Jakob die Gnade des Herrn. Wenn Streitende sich stärker auf die Gnade Gottes konzentrieren, als auf ihr eigenes Rechts- oder Unrechtsempfinden, sind sie nicht länger an die Vergangenheit gebunden, sondern werden davon frei.

Das wohl prägnanteste Beispiel für Versöhnung in der Bibel ist das Gespräch zwischen Jesus und Petrus nach der Auferstehung.

Petrus war ein Mann der Extreme, der seinen spontanen Impulsen folgte, oft ohne an die Konsequenzen zu denken, falls sein Handeln falsch sei. Wegen seines großen Glaubens wurde ihm eine der unvergesslichsten und beeindruckensten Erfahrungen geschenkt, die die Jünger mit Jesus machten. Unabhängig davon, ob seine Überzeugungen nun richtig oder falsch waren, der Herr wusste, dass Petrus ein standhaftes, treues Herz hatte, und war deshalb willig und bereit, die Beziehung zu reinigen und zu vertiefen.

Als Jesus Petrus sagt, dass er den Herrn dreimal verraten wird, bevor der Hahn kräht, erwidert Petrus, dass er Jesus nie verlassen wird. Nachdem er seinen Herrn verleugnet hatte, konnte Petrus sich sicher keinen Trost vorstellen, der seinen Kummer hätte lindern können. Er muss eine Reue über die Sünde durchgemacht haben, die die meisten von uns vielleicht nie erfahren. Wie reagiert Jesus auf Petrus' Verrat? Mit harten Worten und zorniger Verachtung?

Beachten Sie im folgenden Abschnitt, wie oft Jesus Petrus fragt. Und wenn der Herr die zerrütteten Beziehungen zwischen uns wiederherstellen möchte, erinnern Sie sich daran, dass seine Gerechtigkeit ebenso heilig wie poetisch ist.

> *Als sie nun gefrühstückt hatten, spricht Jesus zu Simon Petrus: Simon, Sohn des Jonas, liebst du mich mehr als diese?*
>
> *Er spricht zu ihm: Ja, Herr, du weißt, daß ich dich lieb habe!*
>
> *Er spricht zu ihm: Weide meine Lämmer!*
>
> *Wiederum spricht er zum zweiten Mal zu ihm: Simon, Sohn des Jonas, liebst du mich?*
>
> *Er antwortete ihm: Ja, Herr, du weißt, daß ich dich lieb habe.*
>
> *Er spricht zu ihm: Hüte meine Schafe!*
>
> *Und das dritte Mal fragt er ihn: Simon, Sohn des Jonas, hast du mich lieb?*
>
> *Da wurde Petrus traurig, daß er ihn das dritte Mal fragte: Hast du mich lieb?, und er sprach zu ihm: Herr, du weißt alle Dinge; du weißt, daß ich dich lieb habe.*
>
> *Jesus spricht zu ihm: Weide meine Schafe!*
>
> (Johannes 21,15-18a).

Beachten Sie, dass Jesus bei seiner Frage, ob Petrus ihn liebe, zuerst zweimal das griechische Verb *agapao* verwendete, das eine bedingungslose Liebe bezeichnet. Petrus antwortet aber mit dem griechischen Verb *phileo*, das eine brüderliche Liebe beschreibt. Mit anderen Worten kann Petrus Jesus nicht da begegnen, wo er ist. Doch beim dritten Mal benutzte Jesus in seiner Frage an Petrus das Wort *phileo*. Jesus war bereit, Petrus da zu begegnen, wo er war. Beziehungen werden wiederhergestellt, wenn wir den Menschen da begegnen, wo sie gerade stehen, statt sie an einen Punkt bringen zu wollen, der unseren Erwartungen entspricht.

BEZIEHUNGEN WERDEN WIEDERHERGESTELLT, WENN WIR DEN MENSCHEN DA BEGEGNEN, WO SIE GERADE STEHEN, STATT SIE AN EINEN PUNKT BRINGEN ZU WOLLEN, DER UNSEREN ERWARTUNGEN ENTSPRICHT.

Gibt es in Ihrem Leben einen zerbrochenen Altar? Sind Sie bereit, demütig zu sein und der anderen Person da zu begegnen, wo sie gerade steht? Werden Sie Ihre eigenen Erwartungen aufgeben, um die Flamme auf dem Altar der Beziehungen am Brennen zu halten?

Wir brauchen einander!

Mit Christus als unserem Vorbild haben wir keine Entschuldigung für die Vernachlässigung von Beziehungen, die dem Willen Gottes entsprechen. Gott hat uns so geschaffen, dass wir aufeinander angewiesen sind; wir brauchen einander.

Beziehungen sind also die Zeit und Mühe wert, die für ihre Pflege nötig sind. Dabei ist ein besonderes Prinzip zu beachten: Die Beziehung ist fast immer wichtiger, als im Recht zu sein.

Wie oft haben Sie so sehr darauf beharrt, »Recht« zu haben und einen Streit oder Konflikt zu gewinnen, dass Sie die Beziehung darüber verloren haben? Es ist notwendig, für Gerechtigkeit einzustehen. Aber allzu oft versäumen wir es, die Wahrheit in Liebe zu sagen. Wir benutzen die Wahrheit als Waffe, die andere

Menschen zerstört, statt als befreiende Kraft, die andere (und uns selbst) von der Vergangenheit frei macht.

In dem Bewusstsein, dass die Absichten Gottes durch unsere Beziehungen mit anderen Menschen erfüllt werden, müssen wir immer darauf bedacht sein, zu vergeben und im Willen Gottes weiterzugehen.

Kapitel 7

Die Altäre verstärken: Ruf zur Internationalität

Das Gesetz der Entropie gilt auch für Beziehungen.

Nach dem natürlichen Lauf der Dinge werden Gegenstände verfallen, wenn sie sich selbst überlassen bleiben. Damit unsere Beziehungen stark und vital und unsere Altäre funktionstüchtig bleiben, müssen sie regelmäßig gepflegt und gestärkt werden.

Die Stärkung der Beziehungen in unserem Leben, besonders wenn diese den Anforderungen des Reiches Gottes entsprechen sollen, erfordert nicht nur Mühe und Disziplin, sondern auch Investition. Im Grunde genommen gibt es eigentlich nur zwei Dinge, die Sie und ich auf dieser Erde investieren müssen: Zeit und Geld.

> Im Grunde genommen gibt es eigentlich nur zwei Dinge, die Sie und ich auf dieser Erde investieren müssen: Zeit und Geld.

Mir ist bewusst, dass es weltlich klingt, mit irdischen Begriffen wie Zeit und Geld über geistliche Dinge zu reden, aber Gott scheint diese Elemente durchaus nicht für ungeistlich zu halten! Wie lautete zum Beispiel eines seiner Gebote, durch das die Kinder Israels ihren Bund mit ihm bestätigen und stärken sollten?

Gedenke an den Sabbat und heilige ihn!

Mit anderen Worten sagte Gott: »Ich möchte, dass einer von sieben Tagen für mich bestimmt ist. Das ist euer Tag, um über mich nachzusinnen, an mich zu denken, mich zu lieben, eure Kinder über mich zu lehren. Dieser Tag gehört mir. Er ist eure Investition füreinander.« Anders ausgedrückt legt Gott Wert auf Zeit, die in der Beziehung mit ihm verbracht wird.

Wenn wir die historische Kraft des Sabbats erkennen, sehen wir, dass die jüdische Gemeinschaft über Jahrtausende als Volk zusammengehalten wurde, weil sie Gott durch diesen Umgang mit ihrer Zeit ehrten. Sicher haben Sie schon einmal den Spruch gehört: »Die Juden haben nicht den Sabbat gemacht; der Sabbat machte die Juden.« Mit anderen Worten hatte das Einhalten dieses Tages so starke Auswirkungen, dass es das jüdische Volk buchstäblich definierte und von Kultur zu Kultur und von Generation zu Generation vor dem Meer der Assimilierung bewahrte.

Ein wesentlicher Schritt zur Stärkung von Beziehungen besteht darin, Zeit zu investieren. Wir müssen wertvolle Zeit mit Menschen verbringen, damit die Beziehung in mächtiger und dynamischer Weise wächst und reift.

Wertvolle Zeit miteinander verbringen

Bitte beachten und verstehen Sie, was mit »wertvoller Zeit« gemeint ist. Wenn unsere Investition echte Ergebnisse zeigen soll, muss es eine BEWUSSTE Investition sein, die beide Parteien verstehen. Das ist der Grund, weshalb Beziehungsaltäre auf gemeinsame Ziele und ein gemeinsames Verständnis gegründet werden müssen, bevor wir sie stärken können.

Was meine ich damit? Ich will damit sagen, dass eine gemeinsam verbrachte Zeit allein noch keine Garantie für das Wachstum einer Beziehung ist; Zeit braucht eine Ausrichtung und einen Sinn, um nicht vergeudet zu werden. Genauso, wie Gott nicht einfach sagte: »Gedenke an den Sabbat«, sondern: »Gedenke an den Sabbat und HEILIGE IHN«, müssen beide Parteien die gemeinsame Zeit in dem Bewusstsein verbringen, dass sie einen bestimmten Sinn hat und kostbar ist.

Auf meinen Reisen werde ich zum Beispiel oft eingeladen, an Pastorentreffen in verschiedenen Städten teilzunehmen. Das sind zwanglose Treffen, bei denen die pastoralen Leiter eines Gebiets einmal in der Woche oder einmal monatlich zu Gebet und Austausch zusammenkommen.

Manchmal wird in solchen Treffen innerhalb weniger Minuten klar, dass dabei kaum *die Altäre gestärkt* werden.

- *Die Gespräche sind oberflächlich.*
- *Die Leute scheinen einander nicht wirklich zu kennen.*
- *Die Treffen haben eigentlich kein klares Ziel.*
- *Man hat im Allgemeinen das Gefühl, nur die Zeit abzusitzen, und das nötige »Pensum« zu erfüllen, indem man sich bei einer Verpflichtung blicken lässt, weil es erwartet wird.*

Aber es gibt auch andere Treffen, an denen ich teilnahm, und dort herrschte eine völlig andere Atmosphäre.

- *Man spürt das Bewusstsein, ein Ziel zu haben.*
- *Die Leute stellen sich einander vor und nehmen sich die Zeit, sich nach den Familien der anderen zu erkundigen und nicht nur nach ihren Diensten.*
- *Es herrscht eine echte Offenheit, sich einander mitzuteilen.*
- *Die Zeit des gemeinsamen Gebets ist frei, tief und reichhaltig. Das ist* koinonia.

Koinonia ist ein griechisches Wort, das im Neuen Testament oft gebraucht wird, um die besondere Verbundenheit zwischen Gläubigen zu beschreiben, die sich zu dem gemeinsamen Ziel vereinen, das Evangelium auszubreiten. Zwischen solchen Menschen besteht eine innige Gemeinschaft oder geschwisterliche Liebe, die nur durch den Heiligen Geist möglich wird. Das ist der in Psalm 133 erwähnte gemeinsame Segen, den Gott denen gibt, die in Einheit zusammen sind!

In Beziehungen investieren

Die andere Investition, die wir tätigen, betrifft unsere Mittel, unsere Finanzen. Man kann leicht sagen, dass man eine Bürde für etwas hat; wir glauben auch daran - aber sind wir auch bereit, etwas von dem zu geben, was wir haben, um den Altar zu stärken, an den wir glauben?

Ich denke an ein großartiges Ehepaar, das zum Mitarbeiterteam von *Eagles' Wings* gehört. Don und Joanne sind Anfang Sechzig. In einer Lebensphase, in der viele Menschen sich damit begnügen, in Rente zu gehen und sich zu entspannen, kamen sie mit *Eagles' Wings* in Kontakt und lernten unsere Werte und unsere Vision kennen.

Sie fingen an, in ihrer Freizeit bei verschiedenen Konferenzen ehrenamtlich mitzuhelfen. Auch wenn es schwierig wurde, erfüllten sie ihren freiwilligen Dienst treu. Sie bewiesen, dass sie nicht nur »Schönwetterfreunde« waren. Dann hatten sie wirklich den Eindruck, dass Gott sie ermutigte, mehr von sich zu geben; aber sie hatten schon so viel gegeben - was konnten sie noch tun?

Viele von uns hätten gesagt: »Nun, ich erfülle meinen freiwilligen Dienst treu und gebe, was ich geben kann«, ohne zu erkennen, dass die Erklärung »was ich kann« eigentlich bedeutet: »Ich gebe, was ich kann, *ohne dass es mich wirklich etwas kostet.*« Die meisten von uns könnten - sowohl an Zeit als auch an Geld - viel mehr geben, als wir es tun; aber wir wollen nicht, dass unser Geben unseren Lebensstil beeinträchtigt! Wir sagen, dass wir es uns nicht leisten können; aber was wir wirklich meinen, ist, dass wir es uns nicht ohne Opfer leisten können.

WIR SAGEN, DASS WIR ES UNS NICHT LEISTEN KÖNNEN; ABER WAS WIR WIRKLICH MEINEN, IST, DASS WIR ES UNS NICHT OHNE OPFER LEISTEN KÖNNEN.

Aber Don und Joanne gehören nicht zu diesen Leuten. Sie bemühten sich bewusst um die Stärkung des Beziehungsaltars, der sie mit der Gemeinschaft von *Eagles' Wings* verbindet, weil sie uns als guten Boden betrachteten, der gute Frucht hervorbringen würde. Don und Joanne *änderten ihren Lebensstil*, so dass sie nicht länger ihrem amerikanischen Lebensstil der Mittelschicht verpflichtet waren, sondern mit ihrem Lebensstil dem Reich Gottes dienten.

Sie verkauften ihr Haus, in dem sie fünfundzwanzig Jahre lang gelebt hatten, und zogen in ein viel kleineres Haus in der Stadt, das weniger Aufwand und Pflege brauchte, sodass sie mehr freie Zeit hatten. Sie verkauften ihren großen Wagen und wählten ein weniger teures Modell. Schritt für Schritt trafen sie *Entscheidungen*, um sich Gottes Absichten zur Verfügung stellen zu können, die den Altar von *Eagles' Wings* betrafen. Diesen Altar stärkten sie in ihrem Leben.

Heute sind Don und Joanne vollzeitige Missionare bei *Eagles' Wings*. Sie leiten u. a. die Missionsteams, die nach Honduras und Israel ausgesandt werden. Sie gehören zu unserem Konferenzteam und engagieren sich auch in unserem Stützpunkt in New York City. Sie gehen in den Beziehungen, die sie erhofften, und in den Zielen auf, aber das können sie nur, weil sie bewusste Entscheidungen über ihren Lebensstil getroffen haben, um die Altäre ihres Lebens zu stärken.

Unser Kreuz aufnehmen

Geliebte Mitchristen, vermutlich haben wir so viel über das vollendete Werk am Kreuz gehört und so oft sagen hören, dass »Jesus den vollen Preis bezahlt hat«, dass wir nicht mehr an den PREIS des biblischen Christentums denken.

Wenn wir die Gesellschaft unserer Zeit wirklich prägen wollen – wenn wir aus religiöser Bedeutungslosigkeit zu geistlichem Einfluss gelangen wollen, müssen wir den Preis zahlen.

Wir müssen unseren Lebensstil überdenken und entscheiden, wie wir als Christen leben wollen, und wir müssen uns in solche Aufgaben für das Reich Gottes investieren, die bleibende Früchte hervorbringen.

KAPITEL 8

Die Altäre niederreißen: Der Ruf zu geistlicher Kühnheit

Schließlich müssen wir prüfen, welche Altäre es in unserem Leben gibt, die nicht dem Herrn geweiht sind, sondern in Wirklichkeit den Mächten des Feindes erlauben, sich ständig in unser Leben einzumischen.

Wir dürfen sie weder entschuldigen oder rechtfertigen, noch uns ihnen beugen.

Wir müssen sie mit demselben Eifer und in demselben entschlossenen Geist bekämpfen wie Jesaja, Amos und viele andere in Israel, die in ihrer Geschichte immer wieder die Götzen vernichteten.

Innere, unheilige Schwüre zerschlagen

Viele von uns haben irgendwann in ihrem Leben unbewusst innere Schwüre oder Eide geleistet, die unsere unbewussten Denkmuster beeinflussen und sich auf Entscheidungen auswirken, die aus diesen Denkmustern resultieren. Wir brauchen viel Gebet, innere Ehrlichkeit, Disziplin und Beharrlichkeit, um uns selbst objektiv wahrzunehmen und ehrlich prüfen zu können, welche unserer Denkmuster nicht heilig sind. Sobald wir sie ausfindig gemacht haben, müssen wir diese Muster bis zu ihrer Wurzel zurückverfolgen und ausräumen. Solche negativen inneren Schwüre sind gewöhnlich die Folge von Verletzungen, Enttäuschungen, Ablehnung und Verrat. Wir machen eine schmerzliche Erfahrung und sagen, dass wir daraus »gelernt« haben, obwohl wir in Wirklichkeit allzu oft meinen, dass wir uns dem Wunsch verschließen werden, anderen zu vertrauen und verletzbar zu sein.

Solche unbewussten Bereiche sind die dunklen Winkel, in denen der Feind sich mit Vorliebe aufhält. Mit der Zeit werden diese Denkmuster so in uns verankert, dass wir sie als Teil unserer Persönlichkeit akzeptieren. Wir haben sie uns »angeeignet«, obwohl sie eigentlich gar nicht zu uns gehören und weder gesund noch dem Glauben gemäß sind.

MIT DER ZEIT WERDEN DIESE DENKMUSTER SO IN UNS VERANKERT, DASS WIR SIE ALS TEIL UNSERER PERSÖNLICHKEIT AKZEPTIEREN.

Gott beruft uns, in einem Klima der Liebe zu leben. Die Liebe glaubt alles, hofft, erträgt und rechnet das Unrecht nicht zu. Doch von Anfang an versucht der Feind, das Gift der Verletzung und Enttäuschung in unser Leben zu injizieren, damit diese Liebe eine Art unerreichbares Ideal bleibt, statt die fundamentale Wirklichkeit unseres Lebens mit dem Herrn zu sein.

Ich erinnere mich an eine Frau, die sich vor einigen Jahren *Eagles' Wings* anschloss. Sie empfand eine starke Berufung in unseren Dienst und wusste wirklich, dass der Herr sie berufen hatte, hier bei uns zu sein. Doch ihr Herz war von einer Art emotionaler Mauer umgeben, die sie davon abhielt, sich wirklich zu öffnen und eine vertrauensvolle Beziehung mit unserer Gemeinschaft - und speziell mit Ana und mir - einzugehen.

So ging es einige Monate lang weiter. Ana und ich bemühten uns ständig um sie und versuchten, sie zu bestätigen, ihr unsere bedingungslose Liebe zu zeigen und ihr zu sagen, dass wir an Gottes Absichten für ihr Leben glaubten. Zwar drückten ihre Antworten immer aus, dass sie unser Bemühen zu schätzen wusste, aber sie blieben an der Oberfläche und es kam nie zu einem Gefühl der Ungezwungenheit oder Vertrautheit in der Beziehung.

Schließlich sprachen Ana und ich mit ihr über diesen Eindruck der Isolation, den wir bei ihr empfanden. Zuerst leugnete sie es. Wochen vergingen und wir sprachen erneut mit ihr darüber. Schließlich gab sie zu, dass es so war; aber sie sagte, dass sie keine Ahnung hatte, warum. Obwohl sie ohne jeden Zweifel wusste, dass Gott sie zur Gemeinschaft von *Eagles' Wings* berufen hatte, fühlte sie sich von einer großen Mauer umschlossen, die sie daran hinderte, sich auf echte Gemeinschaft mit Ana und mir einzulassen.

Einige Zeit verging und wieder sprachen wir sie auf die Situation an. Schließlich geschah es eines Abends durch den Heiligen Geist, durch behutsames Nachfragen und durch das Bemühen um Aufrichtigkeit in einer Atmosphäre der Liebe, dass sie uns eine Geschichte aus ihrer Vergangenheit erzählte.

Es lag schon viele Jahre zurück, dass ihr Vater, nachdem er jahrelang unter einem leitenden Pastor in einem geistlichen Dienst gearbeitet hatte, durch den Pastor tief verletzt worden war und diesen Dienst aufgegeben hatte. Die Familie ging zwar weiter in die Gemeinde, doch von diesem Zeitpunkt an, berichtete sie, galt zu Hause die Entscheidung, sich nie wieder »Gemeindeleuten« tief zu öffnen, besonders wenn es sich um Leiter handelte.

Obwohl sie nicht ahnte, dass sie diese Verletzung übernommen und sich zu Eigen gemacht hatte, und obwohl ihr nicht bewusst war, dass dieser innere Schwur ihrer Eltern auf sie übergegangen war, erkannten wir, dass hier die Wurzel lag. Wir ermutigten sie, mit der Autorität, die ihr in Christus gegeben war, diesen falschen Altar in ihrer Seele niederzureißen, der für den Feind immer noch ein Machtzentrum darstellte.

In diesem Moment begann eine großartige Freiheit; augenblicklich kam es zu einem starken Durchbruch in ihrem Leben – in ihrem Umgang und ihren Beziehungen mit uns und der ganzen Gemeinschaft. Nach und nach erlebte sie Durchbrüche in vielen Bereichen ihres Lebens, als sie die Freiheit annahm, der Familie von Christen zu vertrauen, in deren Gemeinschaft Gott sie berufen hatte. Es war tatsächlich eine Veränderung wie Tag und Nacht, als sie von der Macht des Feindes frei wurde, der von dem »alten Altar« aus operiert hatte.

Es erfordert großen Mut und Disziplin, alte Altäre niederzureißen – das eigene Leben gründlich zu überdenken und zu bewerten, was man sagt und tut – und, noch wichtiger, *warum* man es sagt und tut. **Das Abreißen falscher Altäre setzt voraus, dass wir ständig in das Licht des Wortes Gottes schauen, in der inneren Liebe und dem Verlangen nach Wahrheit leben und einer Gemeinschaft innig verbunden bleiben, in der man einander die**

Wahrheit in Liebe sagt. Nötig ist auch, dass wir unser »Leben nicht lieben bis in den Tod«. In diesem Sinn ist es der Tod, mit dem wir täglich konfrontiert sind, wenn wir vom »alten Menschen« zur Fülle des Lebens im Messias befreit werden.

Die Menschenfurcht brechen

Jeder von uns möchte von anderen geschätzt werden. Fast jeder wünscht sich, dass andere gut von ihm denken, ihn respektieren und ihm Gehör schenken. Wir haben den angeborenen Wunsch, Teil einer »In-Gruppe« zu sein. Der Grund ist, dass Gott uns so geschaffen hat, dass wir in Gemeinschaft am besten leben und handeln können.

> Es ist ein gewaltiger Unterschied, ob wir Beziehungen als Segen in unserem Leben **geniessen** oder ob wir die Bestätigung anderer **brauchen**, um uns unserer Identität sicher zu sein.

Aber es ist ein gewaltiger Unterschied, ob wir Beziehungen als Segen in unserem Leben *genießen* oder ob wir die Bestätigung anderer *brauchen*, um uns unserer Identität sicher zu sein. Unsere Identität - unsere Gewissheit dessen, wer wir sind - sollte aus unserem Leben mit unserem Vater im Himmel und dem beständigen Zuspruch seiner Liebe entspringen.

Menschliche Beziehungen sollten ein Segen sein, dürfen aber nicht zum Fundament unseres Seins werden. Die Grundlage und der Eckstein unseres Selbstbilds sollte unsere Liebesbeziehung zu Gott sein.

Da viele von uns nicht bereit sind, den Preis für tiefe Aufrichtigkeit uns selbst gegenüber und für die Entwurzelung unserer Unsicherheiten zu bezahlen, sind wir oft davon abhängig, wie wir die Meinung anderer über uns einschätzen. Wenn dieses ungesunde Bedürfnis in der Gemeinde zum Ausdruck kommt und sich mit der Dynamik von Leitern verbindet, die in irgendeiner Weise Gott repräsentieren, kann es zu einem sehr ungesunden System von »Gemeinde« führen, bei dem Leiter die Schwächen der Menschen und ihr Bedürfnis nach Bestätigung und innerer Sicherheit ausnutzen.

Ungesunde Leiter versuchen, zu kontrollieren, zu dominieren, einzuschüchtern und zu manipulieren. Wenn Leiter nicht gesund sind, können sie leicht zu Kontrollmechanismen und manipulativen Verhaltensweisen greifen, die mit allen Arten von Schmeichelei und schönen Worten einhergehen, aber in Wirklichkeit nur dazu dienen, Menschen »unter Kontrolle« zu halten.

Daraus kann ein System der Kodependenz entstehen, das sich auf vielfältige Weise hinter geistlich klingenden Äußerungen versteckt. Gemeindemitglieder können Leitern vorwerfen, manipulativ und kontrollierend zu sein; Leiter können Gemeindemitglieder anklagen, rebellisch zu sein oder einen »Geist der Isebel« zu haben.

In der gemeinsamen Salbung handeln

Tatsache ist, dass wir *alle* bereit sein müssen, uns ehrlich unseren Fehlern und Schwächen zu stellen, die gegenseitige und objektive Rechenschaft zu praktizieren, zu der die Bibel uns aufruft (und ich glaube, Gott fordert Leiter in größerem - nicht kleinerem - Maß zu ehrlicher Rechenschaft gegenüber anderen Christen heraus), und auch inmitten unserer Fehler einander verbunden zu bleiben. Spaltung ist Sünde und nicht das, was Gott sucht! Wenn wir in diesem Verständnis nicht wachsen, werden wir unweigerlich in gegenseitiger Anklage statt in Versöhnung leben, woraus noch mehr Spaltung entsteht, statt die Einheit zu fördern, die der Herr wünscht.

Wenn die Gemeinde, wie wir sie kennen, in ihre Bestimmung - ohne Makel oder Runzel in Einheit zu leben - hineinkommen soll, müssen wir anfangen, den Geist der Menschenfurcht von beiden Seiten her anzugreifen. Leiter dürfen nicht versuchen, Menschen unangemessen zu kontrollieren, indem sie ihre Unsicherheiten und Schwächen ausnützen; und alle Mitglieder der Gemeinde müssen versuchen, zuerst aus einer Liebesbeziehung mit Gott die eigene emotionale Gesundheit zu finden, bevor sie bei anderen Menschen Bestätigung und Beziehung suchen.

Haben wir doch die Kühnheit und den Mut, falsche Altäre

(Bereiche, in denen wir dem Feind bewusst oder auch unbewusst Macht eingeräumt haben) niederzureißen und den festen Entschluss zu fassen, in der Furcht des Herrn zu leben und nicht in Menschenfurcht. Dann werden wir in der Lage sein, die Wahrheit in Liebe zu sagen und zwar mit aller Demut, aus einem belehrbaren Herzen, im Kontext gegenseitiger Unterordnung und mit der Bereitschaft, anderen Christen Rechenschaft zu geben. Das wird der Beginn einer Kultur des Reiches Gottes sein, die die Welt verändern wird.

DAS OPFER

Ich ermahne euch nun, ihr Brüder,
angesichts der Barmherzigkeit Gottes,
daß ihr eure Leiber darbringt als ein lebendiges,
heiliges, Gott wohlgefälliges Opfer:
das sei euer vernünftiger Gottesdienst!
Und paßt euch nicht diesem Weltlauf an,
sondern laßt euch [in eurem Wesen] verwandeln
durch die Erneuerung eures Sinnes,
damit ihr prüfen könnt,
was der gute und wohlgefällige
und vollkommene Wille Gottes ist.

Römer 12,1-2

Was ist ein Opfer?

Die Bibel ist voll von Opfern. Vom Anfang bis zum Ende erzählt die Bibel eine Geschichte nach der anderen über Opfer.

Abel brachte ein Gott wohlgefälliges Opfer dar. Das Opfer Kains war unannehmbar. Isaak wurde als Opfer auf den Altar gelegt. Jesus hing als Opfer am Kreuz. Paulus ermahnt uns, unseren Leib als lebendiges Opfer darzubringen.

Wenn nun unsere Altäre gebaut und unsere Beziehungen in Ordnung sind, was muss dann als unser Opfer und unsere Gabe an den Herrn auf den Altar gelegt werden?

In diesem zweiten Teil unserer gemeinsamen Reise werden wir uns mit den wohlgefälligen Opfern des Herzens beschäftigen, die Sie und ich - als *Hüter der Flamme* - dem Herrn ständig darbringen müssen.

Das Opfer damals

Damals diente das dargebrachte Fleisch oder die Gabe, die dem Herrn dargebracht wurde als Opfer und war somit die *Substanz* der Anbetung. Es war das Eigentliche - die geschätzte, kostbare Gabe, die dem Herrn vollständig hingegeben wurde. Gott machte unmissverständlich klar, dass das Opfer, das auf den Altar gelegt wurde, vollkommen sein musste; ein Opfer ohne Makel. Betrachten Sie diese Beschreibung in den Bestimmungen für die Priester:

> *[Jeder] opfere, damit es für euch wohlgefällig angenommen wird, ein makelloses männliches [Tier] von den Rindern, Schafen oder Ziegen. Ihr sollt nichts opfern, woran ein Gebrechen ist; denn es würde euch nicht wohlgefällig angenommen werden. Und wenn jemand dem HERRN ein Friedensopfer bringen will, sei es zur Erfüllung eines Gelübdes oder als freiwillige Gabe, von Rindern oder Schafen, so soll es makellos sein, damit es wohlgefällig ist. Es soll keinerlei Gebrechen haben* (3. Mose 22,19-21).

Tatsächlich spricht die Bibel von der sehr realen Möglichkeit, dass nicht alle Opfer angenommen werden und dass es tragische

Folgen für diejenigen haben kann, die unannehmbare Opfer darbringen.

> *Und Abel wurde ein Schafhirte, Kain aber ein Ackerbauer. Und es geschah nach geraumer Zeit, dass Kain dem HERRN ein Opfer darbrachte von den Früchten des Erdbodens. Und auch Abel brachte [ein Opfer] dar von den Erstlingen seiner Schafe und von ihrem Fett. Und der HERR sah Abel und sein Opfer an; aber Kain und sein Opfer sah er nicht an. Da wurde Kain sehr wütend, und sein Angesicht senkte sich. Und der HERR sprach zu Kain: Warum bist du so wütend, und warum senkt sich dein Angesicht? Ist es nicht so: Wenn du Gutes tust, so darfst du dein Haupt erheben?* (1. Mose 4,2a-7a).

Das Konzept und der Akt des Opfers war für die jüdische Kultur von grundlegender Bedeutung. Es gab viele Gelegenheiten, Opfer zum Tempel zu bringen. Es wäre undenkbar gewesen, ohne das rechte Opfer in Gottes Gegenwart zu kommen oder das Opfer nicht in der rechten Weise darzubringen.

Das Opfer heute: *Überlegungen für unsere Zeit*

Wir können das Konzept des Opfers in unserem Leben auf den Zustand unseres Herzens und die Arbeit unserer Hände übertragen. Heute herrscht die Einstellung vor: »Gott nimmt dich an, so wie du bist.« Im Gegensatz zu dieser Mentalität muss das, was wir dem Herrn darbringen, seinen Anforderungen an Reinheit und Hingabe entsprechen, wenn es für ihn von Bedeutung sein soll. Gott ermahnt uns, nicht *irgendein* Opfer, sondern *ein wohlgefälliges* Opfer darzubringen. Und das ist ein Opfer, das uns etwas kostet.

König David sagte: »*... ich will dem HERRN, meinem Gott, kein Brandopfer darbringen, das mich nichts kostet!*« (2. Samuel 24,24a). Allzu oft bringen wir dem Herrn heute billige Opfer dar. Wir bringen ihm die Worte von Liedern, aber unsere Herzen sind hart und unnachgiebig. Wir stellen Schecks aus, sind aber nicht bereit, unsere Zeit und Energie einzusetzen.

Aber die Bibel fordert uns in vielen Ermahnungen auf, die *Realität* unserer Erlösung durch das *Leben*, das wir führen, zum Ausdruck zu bringen. Wieder und wieder werden wir daran erinnert, dass die Erlösung kein subjektiver Zustand, sondern ein dynamischer Prozess ist, der alles umfasst, was wir sind und tun.

> *Da wird dann einer sagen: »Du hast Glauben, und ich habe Werke. Beweise mir doch deinen Glauben aus deinen Werken, und ich werde dir aus meinen Werken meinen Glauben beweisen!« Du glaubst, daß es nur* einen *Gott gibt? Du tust wohl daran! Auch die Dämonen glauben es - und zittern! Willst du aber erkennen, du nichtiger Mensch, daß der Glaube ohne die Werke tot ist? Wurde nicht Abraham, unser Vater, durch Werke gerechtfertigt, als er seinen Sohn Isaak auf dem Altar darbrachte? Siehst du, daß der Glaube zusammen mit seinen Werken wirksam war, und daß der Glaube durch die Werke vollkommen wurde? Und so erfüllte sich die Schrift, die spricht: »Abraham aber glaubte Gott, und das wurde ihm als Gerechtigkeit angerechnet«, und er wurde ein Freund Gottes genannt. So seht ihr nun, daß der Mensch durch Werke gerechtfertigt wird und nicht durch den Glauben allein* (Jakobus 2,18-24).

Zu einer Anbetung, die Gott wohlgefällt, gehört das tägliche Opfer. Uns selbst auf den Altar zu legen, setzt ein rechtschaffenes und heiliges Leben voraus, gegründet im Gehorsam und motiviert durch ein reines Herz.

Zwar ist es wahr, dass Gott jeden Menschen so annimmt, wie er ist, aber der Prozess der Heiligung (der auf die Rechtfertigung durch den Glauben folgt) verlangt einen Prozess der Reife, der Läuterung und des geistlichen Wachstums. Indem wir in der Anbetung in Gottes Gegenwart treten, werden wir ständig verändert. Wir sind heute nicht

WIR SIND HEUTE NICHT MEHR DIESELBEN WIE GESTERN. WIR WERDEN VON HERRLICHKEIT ZU HERRLICHKEIT VERWANDELT.

mehr dieselben wie gestern. Wir werden von Herrlichkeit zu Herrlichkeit verwandelt.

In der Anbetung ist nicht das wohlgefällig, was ich *bin*, sondern das, was ich *werde*! »*Darum: Ist jemand in Christus, so ist er eine neue Schöpfung; das Alte ist vergangen; siehe, es ist alles neu geworden!*« (2. Korinther 5,17). Was Paulus hier im ursprünglichen griechischen Text vermittelt, ist das Konzept der neuen Geburt - eines realen, neuen, ewigen Lebens. »Ich bin eine neue Schöpfung *geworden*. Ich *werde* Christus immer ähnlicher; und ich *werde sein* wie er!«

Das Opfer des Herzens

> *Die Opfer, die Gott gefallen, sind ein zerbrochener Geist;*
> *ein zerbrochenes und zerschlagenes Herz*
> *wirst du, o Gott, nicht verachten*
> (Psalm 51,19).

Jedes Opfer beginnt mit dem Herzen. Für die Hebräer ist das Herz (*lev*) der innere Mensch. Das Herz ist nicht nur ein Tiegel von Emotionen, Gefühlsregungen und irrationalen Reaktionen, sondern das wahre innere Selbst, das einen Altar der Anbetung Gottes errichtet.

Weite Teile unserer heutigen Kultur fordern uns auf, »unserem Herzen zu folgen«. Wir werden ermuntert, auf unser Herz zu hören und das zu tun, was sich »richtig anfühlt«.

Gott weiß, was in unseren Herzen ist; er kennt die Dinge, die den natürlichen Augen verborgen bleiben. Er sieht, dass unsere Herzen von sündigen Gedanken und Gefühlen erfüllt sein können. Das Licht seiner Wahrheit muss unsere Herzen, unser inneres Selbst aufdecken. In Jeremia 17,9 steht: »*Überaus trügerisch ist das Herz und bösartig; wer kann es ergründen?*«

Wenn wir die Glaubenshelden in der Bibel betrachten, sehen wir, dass sie dem Herrn immer wieder Opfer darbrachten, die nicht unbedingt in ihrem eigenen Interesse lagen. Wären sie darauf aus gewesen, den Regungen ihres Herzens zu folgen, statt ihre innere Leidenschaft zu nutzen, um den Absichten Gottes zu dienen, würden wir sie nicht als die Helden unseres Glaubens bezeichnen. Diese Heiligen erkannten, dass Gottes Reich auf einem völlig anderen Wertesystem beruht.

> WÄREN SIE DARAUF AUS GEWESEN, DEN REGUNGEN IHRES HERZENS ZU FOLGEN, STATT IHRE INNERE LEIDENSCHAFT ZU NUTZEN, UM DEN ABSICHTEN GOTTES ZU DIENEN, WÜRDEN WIR SIE NICHT ALS DIE HELDEN UNSERES GLAUBENS BEZEICHNEN.

Betrachten Sie bei unserem Studium dieser Opfer nicht nur das Opfer selbst, sondern auch die damit verbundenen Beziehungen, die den Altar oder Kontext der Opferung bildeten. Jedes Opfer muss mit einem zerbrochenen und reumütigen Herzen einhergehen - in einer Haltung der Buße und mit einer Demut, die anerkennt, dass das Opfer keine Forderung gegen Gott darstellt.

Behalten wir in Erinnerung:

Mein Opfer verpflichtet Gott nicht dazu, in einer bestimmten Weise zu reden oder zu handeln.

Mein Opfer gibt mir keinen Anspruch darauf, vor Gottes Thron in besonderer Weise erhört zu werden.

Mein Opfer wird nicht zur Schau gestellt, damit andere mich schätzen oder ehren.

Das Opfer wird nie in der Erwartung dargebracht, eine Gegenleistung zu bekommen. *Hüter der Flamme* bringen ihre Opfer und Gaben vielmehr als Akt der Anbetung dar und preisen den Herrn für das Opfer, das er für sie wurde.

In den nächsten Kapiteln werden wir einige Schlüsselbeispiele für solche Opfer untersuchen. Beginnen wir mit dem Vermächtnis Abrahams, des Vaters unseres Glaubens, der mit seinem Opfer aus tiefstem Herzen den Weg für jedes zukünftige Opfer bahnte.

Das Kostbarste opfern

Sein ganzes Leben lang sehnte Abraham sich nach einem Sohn, einem Erben. Mit gebrochenem Herzen schrie er zu Gott. Denn ohne einen Erben würde sein gesamter Besitz und sein Erbe an einen Knecht seines Hauses übergehen.

Die Geschichte des Wunders, durch das Gott Abraham und

Sara einen Sohn schenkte, ist natürlich sehr bekannt. Als beide in so fortgeschrittenem Alter waren, dass Gott ihnen scheinbar keinen Sohn mehr schenken konnte, geschah ein Wunder.

Ihre Freude war unbeschreiblich.

Isaak wurde geboren.

Stellen Sie sich die überwältigende Trauer und Verwirrung Abrahams vor, als der Herr ihm befahl, seinen geliebten Sohn Isaak als Opfer darzubringen. Selbst wenn uns diese Geschichte sehr vertraut ist, wollen wir einen Augenblick innehalten und ihre ganze Bedeutung erfassen.

Nicht das Menschenopfer Isaaks war der dramatische Aspekt. In der Zeit und Kultur Abrahams waren Menschenopfer nicht ungewöhnlich, besonders das Opfer eines Erstgeborenen. Was uns heute erschreckend und barbarisch erscheint, war damals in den Kulturen der Nachbarvölker Abrahams ziemlich verbreitet und akzeptiert.

Der dramatische und herzzerreißende Aspekt der Geschichte, der unsere Aufmerksamkeit fesselt, ist die Tatsache, dass Abraham aufgefordert wird zu opfern, was ihm am kostbarsten und liebsten ist. *Er muss die Verwirklichung der Verheißungen Gottes in seinem Leben auf den Altar legen!*

Abrahams Verheißungen, Hoffnungen und Träume – von Gott selbst gegeben –, müssen als Opfer auf den Altar gelegt werden.

Stellen Sie sich vor, dass Sie von Gott einen solchen Befehl erhalten. Erinnern Sie sich kurz an die Zeit Ihrer Erlösung. Die Hingabe Ihres Lebens an Gott, als Sie noch ungläubig waren, war nicht so schwer wie das, was von Abraham verlangt wurde!

Indem wir Jesus als Herrn bekannten, tauschten wir bloße Existenz gegen wahres Leben, Dunkelheit gegen Licht, Verzweiflung gegen Hoffnung, Krankheit gegen Gesundheit, Schuld gegen Vergebung, Unreinheit gegen Heiligkeit ein. Was für ein großartiges Opfer, unser verlorenes und totes Ich gegen ein ewiges Leben mit Jesus einzutauschen! Damals erschien uns dieses Opfer als harte Herausforderung, aber welche Freude brachte es!

Während wir in Christus an Reife zunahmen – verschiedenen zerstörerischen Angewohnheiten, Festungen und sündigen Verhaltensweisen in unserer Seele starben –, erlebten wir Augenblicke voll Kummer und Schmerz. Doch das Endergebnis waren immer mehr Durchbrüche in unserem geistlichen Leben, verbunden mit neuer Offenbarung und Weisheit.

Aber die schwierigste Herausforderung für uns Gläubige besteht darin, einen von Gott geschenkten Traum, eine göttliche Offenbarung oder ein Reden Gottes auf den Altar zu legen.

Aber die schwierigste Herausforderung für uns Gläubige besteht darin, einen von Gott geschenkten Traum, eine göttliche Offenbarung oder ein Reden Gottes auf den Altar zu legen. Wir wissen ja, dass diese Dinge nicht in unserer irdischen Gesinnung, sondern im Geist ihren Ursprung hatten. Wir stehen fest und sind gewiss, dass Gott, der treu ist, das Werk vollenden wird, das er in uns begonnen hat. Was geschieht nun in uns, wenn das nächste Wort Gottes seinem letzten zu widersprechen scheint? Wenn er von uns verlangt, ausgerechnet das, was er selbst uns versprach, auf den Altar zu legen?

Opfern, was uns das Liebste ist

Gott versprach Abraham einen Sohn, einen Erben, aus dem ein Volk zum Segen der Nationen hervorgehen sollte. Nun befiehlt Gott: »Opfere den Sohn. Töte die Verheißung!« Ich finde es faszinierend, dass Abraham nicht versuchte, Gottes Gebot durch rationale Erklärungen zu verdrängen.

Abraham sagte nicht: »Ach, das sind bestimmt nur meine eigenen Gedanken.«

Abraham versuchte auch nicht, »dem Teufel zu gebieten«, indem er sich sagte, der Feind wäre gekommen, um »ihn zu berauben«.

Stattdessen erkannte Abraham die Stimme Gottes. Er hörte und verstand, dass Gott ihn um etwas sehr, sehr Schwieriges bat: *das Kostbarste hinzugeben.*

Was ist Ihnen am kostbarsten?
Ist es eine Beziehung?
Ihr Haus?
Ihr Dienst?

Ihr Ansehen?
Ihre Zukunft?

Wie werden Sie reagieren?

Wenn wir wirklich ein wohlgefälliges Opfer darbringen wollen - ein Opfer des Lobes -, besteht die sehr reale Möglichkeit, dass Gott zu irgendeinem Zeitpunkt in unserer Beziehung mit ihm genauso zu uns reden wird wie zu Abraham. Gott wird uns bitten, das, was uns am kostbarsten ist, auf den Altar zu legen.

Wahrscheinlich werden wir - wie es sicher auch bei Abraham der Fall war -, in die Versuchung geraten, das Opfer durch rationale Erklärungen zu verdrängen, es von uns zu weisen oder auch zu ignorieren.

Aber wenn wir uns wie Abraham zum Gehorsam entschließen und Gott glauben, wird in unserer Beziehung zu Gott etwas ganz Besonderes geschehen.

Wenn wir bereit sind zu glauben, dass Gott eine Absicht hat, wenn er um etwas bittet, und dass diese Absicht immer unser *höchstes Wohl* einschließt, dann werden wir in den *übernatürlichen Glauben* und die *geistliche Autorität* hineinkommen, die Abraham besaß.

Nur zu oft wollen wir *übernatürlichen Glauben* - die Gabe des Glaubens - ohne den Preis des Opfers.

Nur zu oft streben wir nach *geistlicher Autorität* - der Autorität, im Bereich des Übernatürlichen zu handeln - ohne zuerst auf den Altar zu legen, was uns *am kostbarsten* ist.

Wenn wir dem Herrn unsere kostbarsten Schätze ausliefern, werden wir immer mehr Freiheit erfahren und eine unaussprechliche Freude erleben, die unsere kühnsten Träume übersteigt.

Wenn wir dem Herrn unsere kostbarsten Schätze ausliefern, werden wir immer mehr Freiheit erfahren und eine unaussprechliche Freude erleben, die unsere kühnsten Träume übersteigt. Denn der Herr nimmt, was uns am kostbarsten ist, und benutzt es weit über das

Maß dessen hinaus, was wir tun oder uns vorstellen können.

Nie etwas besitzen

Vor Jahren schrieb A. W. Tozer ein inzwischen vergriffenes Traktat mit dem Titel *Fünf geistliche Gelübde*. In überzeugender Weise formulierte er fünf geistliche Anforderungen an reife Christen:

1. Radikal gegen Sünde vorgehen
2. Nie etwas über andere weitersagen, was ihnen schaden würde
3. Nie etwas besitzen
4. Nie Ruhm annehmen
5. Sich nie selbst verteidigen

Der Punkt, der uns gerade betrifft, ist die Anweisung, »Nie etwas besitzen«. Was immer wir besitzen, ergreift von uns Besitz. Denken Sie einmal darüber nach, wie viel Zeit und Energie wir aufwenden müssen, um unseren Besitz instand zu halten, zu reparieren oder zu ersetzen. Allzu oft beurteilen wir uns selbst und andere Menschen nach dem, was wir haben, und nicht nach dem, was wir sind. Den Segen Gottes verstehen wir als etwas, das wir anhäufen, und nicht als Ausdruck der Beziehung mit Gott, aus der alles fließt, was wir brauchen.

Wir schließen Versicherungsverträge, installieren Sicherheitssysteme, mieten Schließfächer und beschäftigen Leute oder bezahlen Institutionen, um unsere Sachen zu schützen oder aufzubewahren. Wir sind bekümmert, wenn etwas zerbrochen oder gestohlen wird, das uns gehört. Wir vergessen den Geber und konzentrieren uns allzu oft nur auf die Gaben.

Der Herr braucht es

> *»Und wenn jemand zu euch sagt: Warum tut ihr das? so sprecht: Der Herr braucht es!, so wird er es sogleich hierher senden«* (Markus 11,3).

Ja, wir sollen das, was uns am kostbarsten ist, nicht bewahren und schützen, um es zu besitzen oder festzuhalten, sondern um es bis zu jenem *kairos*-Augenblick zu bewahren, in dem wir hören: »Der Herr braucht es.«

Die kostbarsten Dinge im Leben sollen in der offenen Hand gehalten werden; wir sollen sie nicht besitzergreifend umklammern, sondern als anvertrautes Gut schätzen und verwalten.

Das gilt sowohl für materielle Dinge als auch für Beziehungen.

Unsere kostbarsten Dinge, *Ihre* kostbarsten Dinge, gehören nicht Ihnen. Sie gehören dem Herrn.

Liegt das, *was Ihnen am kostbarsten ist*, auf dem Altar?

KAPITEL 9

Fest stehen: Das Opfer des unerschütterlichen Gehorsams

Den Weg der Treue habe ich erwählt und deine Bestimmungen vor mich hingestellt. Ich halte fest an deinen Zeugnissen; HERR, laß mich nicht zuschanden werden!

PSALM 119,30-31

Daniel war ein Leiter. Seine Leiterschaft zeigte sich in vielfältigen Bereichen - geistlich, politisch und militärisch. Als Fremder im Exil hatte er sich in außergewöhnlicher Weise bewährt und die höchsten Führungsebenen erreicht. Als Politiker war er nicht blind für die gefährlichen politischen Manöver und Intrigen, die sich in einem Land häufig gegen fremde Menschen richten.

Doch irgendwie gelang es ihm, seine klare Identität als gottesfürchtiger Jude zu wahren und trotzdem in einem der mächtigsten Reiche des Altertums eine der einflussreichsten Positionen zu erreichen.

Neidisch und ehrgeizig machten seine politischen Feinde sich daran, ihn zu Fall zu bringen. Doch Daniel hielt allen ihren Versuchen stand, irgendeinen Makel in seinem Charakter zu finden. Schließlich schmiedeten sie Pläne, ihn im Zentrum seines Lebens anzugreifen: in seinem Glauben.

Erinnern wir uns an Daniels Glauben …

Da sich nun dieser Daniel vor allen Ministern und Satrapen auszeichnete, weil ein so vortrefflicher Geist in ihm war, so nahm sich der König vor, ihn über das ganze Reich zu setzen. Da suchten die Minister und Satrapen eine Anklage gegen Daniel zu finden im Hinblick auf die Regierungsgeschäfte; aber sie konnten keine Schuld oder irgend etwas Nachteiliges finden, weil er treu war und keine Nachlässigkeit noch irgend ein Vergehen bei ihm gefunden werden konnte. Da sprachen jene Männer: Wir werden gegen diesen Daniel keinen Anklagegrund finden, es sei denn im Gesetz seines Gottes!

Darauf bestürmten jene Fürsten und Satrapen den König und sprachen: König Darius, mögest du ewig leben! Sämtliche Minister des Königreichs, die Vorsteher und Satrapen, die Räte und die Statthalter erachten es für ratsam, daß eine königliche Verordnung aufgestellt und ein Verbot erlassen werde, wonach jeder, der innerhalb von 30 Tagen irgend eine Bitte an irgend einen Gott oder Menschen richtet, außer an dich allein, o König, in die Löwengrube geworfen werden soll. Nun, o König, erlasse das Gebot und unterschreibe das Edikt, das nicht abgeändert werden darf nach dem Gesetz der Meder und Perser, welches unwiderruflich ist!

Daraufhin unterschrieb der König das Edikt und Verbot. Als nun Daniel erfuhr, daß das Edikt unterschrieben war, ging er hinauf in sein Haus, wo er in seinem Obergemach offene Fenster nach Jerusalem hin hatte, und er fiel dreimal am Tag auf die Knie nieder und betete und dankte vor seinem Gott, ganz wie er es zuvor immer getan hatte (Daniel 6,4-11).

Wäre ich an Daniels Stelle gewesen, hätte ich wahrscheinlich der Versuchung nachgegeben, ganz anders zu reagieren. Ich hätte mir gesagt: »Nun, dieser Plan wurde vom Feind ausgeheckt, um mich aus der Position zu verdrängen, die Gott mir gegeben hat. Das würde der Herr sicher nicht wollen! Ich werde in diesen dreißig Tagen einfach heimlich beten; auf diese Weise werden der Herr und ich den Feind überlisten.«

Vielleicht hätte ich auch gedacht: »Gott hat mir befohlen, die Regierenden zu achten, die über mir stehen; also werde ich diesen Befehl befolgen, um so den Herrn zu ehren.«

Klingt schlüssig, nicht wahr?

Es ist gefährlich, die Stimme des Heiligen Geistes durch rationale Überlegungen wegzuerklären - besonders, wenn eine Flut anderer lauter Stimmen über uns hereinbricht.

Wessen Stimme werden Sie gehorchen?

Aus allen Richtungen melden sich Stimmen zu Wort, wenn Gott uns zu etwas auffordert, das nach konventionellen Vorstellungen unweise ist. Natürlich bietet die Welt Bildung und Erfahrung an, um der unsichtbaren Gegenwart Gottes entgegenzuwirken. »Wir haben gesehen, dass es genau so funktioniert«, ruft die Welt. »Wir haben festgestellt, dass das, was Sie in Erwägung ziehen, nicht funktionieren wird«, rufen die Sachbücher der weltlichen Weisen.

Politische Stimmen raten uns, Wahlen abzuhalten und eine Mehrheitsentscheidung zu treffen. Die Stimmen der Renaissance versichern uns, dass »die Stimme des Volkes die Stimme Gottes ist«. Also lassen wir Ausschüsse abstimmen und Komitees einen Konsens erzielen, ob man Gottes Stimme gehorchen sollte oder nicht.

Selbst geistliche Stimmen tragen uns eine Weisheit vor, die geheimnisvoll und ungemein verlockend klingt. Wir halten uns gehorsam an das, was Gott gesagt hat, doch plötzlich erscheint jemand mit einem neuen Wort und einem ausgeklügelten Ansatz. Diese neue Offenbarung ersetzt für hier und heute das, was seit Jahrhunderten dem Ratschluss Gottes entsprach. Wer nach Neuem hungert, dem wird es schwer fallen, sich an unwandelbare Wahrheiten aus uralter Zeit zu halten.

Diese neue Offenbarung ersetzt für hier und heute das, was seit Jahrhunderten dem Ratschluss Gottes entsprach. Wer nach Neuem hungert, dem wird es schwer fallen, sich an unwandelbare Wahrheiten aus uralter Zeit zu halten.

Unser natürlicher Verstand wird - wie bei einem sich endlos vervielfältigenden Computervirus - mit tausendfachen Gründen überflutet, warum wir die Sache lassen und einen anderen Kurs einschlagen sollten. Einem Computervirus ähnlich können rationale Überlegungen unser geistliches »Betriebssystem« derart durcheinander bringen und stören, dass es uns nicht einmal mehr gelingt, das Wort Gottes »hochzufahren«, um richtig und falsch unterscheiden zu können.

Sicher gingen Daniel verlockende Gründe durch den Sinn, warum er dem König gehorchen sollte und nicht Gott. Ich glaube nicht, dass ihm die Entscheidung leicht fiel, weiter für alle sichtbar zu beten. Ich denke, dass er gründlich überlegen musste, was in dieser Situation von ihm verlangt wurde und wie er reagieren sollte. Sicher zog er alle natürlichen, politischen, konventionellen und geistlichen Optionen in Erwägung, die ihm zur Verfügung standen. Aber wie in jedem Labyrinth gibt es nur einen Ausweg, so plausibel manche anderen Pfade auf den ersten Blick auch erscheinen mögen.

Beharrliche Entschlossenheit

Am Ende wusste er, was er zu tun hatte: Er musste Gott mehr gehorchen als Menschen. Hier sehen wir eine frühe Demonstration für die Kraft des zivilen Ungehorsams - oder besser gesagt: der Entscheidung für himmlischen Gehorsam!

Die Bibel erinnert uns:

> *Einem festen Herzen bewahrst du den Frieden,*
> *den Frieden, weil es auf dich vertraut* (Jesaja 26,3).

> *Meine Brüder, achtet es für lauter Freude, wenn ihr in mancherlei Anfechtungen geratet, da ihr ja wißt, daß die Bewährung eures Glaubens standhaftes Ausharren bewirkt. Das standhafte Ausharren aber soll ein vollkommenes Werk haben, damit ihr vollkommen und vollständig seid und es euch an nichts mangelt. Wenn es aber jemand unter euch an Weisheit mangelt, so erbitte er sie von Gott, der allen gern und ohne Vorwurf gibt, so wird*

sie ihm gegeben werden. Er bitte aber im Glauben und zweifle nicht; denn wer zweifelt, gleicht einer Meereswoge, die vom Wind getrieben und hin- und hergeworfen wird. Ein solcher Mensch denke nicht, daß er etwas von dem Herrn empfangen wird, ein Mann mit geteiltem Herzen, unbeständig in allen seinen Wegen (Jakobus 1,2-8).

Deshalb ergreift die ganze Waffenrüstung Gottes, damit ihr am bösen Tag widerstehen und, nachdem ihr alles wohl ausgerichtet habt, euch behaupten könnt (Epheser 6,13).

- In welchem Punkt fordert Gott Sie auf, ihm zu gehorchen?
- Sind Sie bereit, ihm zu gehorchen, auch wenn es weh tut?
- Sind Sie bereit, gegen den Strom zu schwimmen?
- Bringen Sie das Opfer eines völligen Gehorsams dar?

Wie schon gesagt, ist es interessant, in diesen Geschichten auf die »Altäre«, die Beziehungen, zu achten. Daniel genoss den Respekt und das Vertrauen des Königs. Obwohl der König »unerrettet« war (ein Heide, der Götzen anbetete), hatte Daniel eine tiefe Verbindung zu ihm aufgebaut und den Respekt und die Anteilnahme des Königs gewonnen.

BETRACHTEN WIR MENSCHEN NUR ALS SEELEN, DIE ZU GEWINNEN SIND, ODER SEHEN WIR SIE ALS MENSCHEN, DIE SICH IN EINEM PROZESS MIT GOTT BEFINDEN?

Schließlich setzte der Herr bei dieser Beziehung an und benutzte sie zu seiner Verherrlichung, indem er Daniel durch ein Wunder rettete und sich dem König auf diese Weise offenbarte. Daraufhin verlangte der König in einem Erlass, dass Gott im ganzen Land geehrt werden sollte.

Wenn wir mit ungläubigen Menschen echte Beziehungen aufbauen würden, die sich durch Tiefgang und Integrität auszeichnen, ergäben sich daraus vielleicht Möglichkeiten für Gott, in solchen Umständen mächtiger zu wirken.

Es ist meine tiefe Überzeugung, dass wir Seelen gewinnen sollen, aber meine Frage lautet: »Betrachten wir Menschen nur als Seelen, die zu gewinnen sind, oder sehen wir sie als Menschen, die sich in einem Prozess mit Gott befinden?« Und die wichtigste Frage ist: »Sind wir bereit, echte Beziehungen zu ihnen zu pflegen, während sie auf diesem Weg sind?«

Werden Sie Zwiespältigkeit und Zweifel für Glauben und Beständigkeit opfern?

Sind Sie bereit, allgemeine Anerkennung und politischen Einfluss für beständigen Gehorsam zu opfern?

Werden Sie letztlich Gott gehorchen, statt anderen gefallen zu wollen?

Nehmen Sie sich diese dringende Bitte von Paulus zu Herzen: *»Darum, meine geliebten Brüder, seid fest, unerschütterlich, nehmt immer zu in dem Werk des Herrn, weil ihr wißt, daß eure Arbeit nicht vergeblich ist im Herrn!«* (1. Korinther 15,58).

Daniel fordert uns also heraus, in unerschütterlichem Gehorsam zu leben und die rechten Beziehungen zu anderen Menschen zu pflegen.

KAPITEL 10

An den Traum glauben: Die Opfer des Wartens, der Vergebung und der beharrlichen Fürbitte

O Herr, all mein Verlangen ist vor dir offenbar,
und mein Seufzen ist dir nicht verborgen!
Denn auf dich, HERR, harre ich;
du wirst antworten, o Herr, mein Gott!

PSALM 38,10.16

Es ist so leicht, sich am Sonntagmorgen in einer Predigt oder in einem Bibelgesprächskreis Bibelgeschichten anzuhören. Eine ganz andere Sache ist es, das ganze Ausmaß und die Tiefe der traumatischen Erfahrungen, der Leidenschaft und der Emotionen in diesen Berichten zu erfassen.

Jedes Mal, wenn ich bewusst über Josephs Leben nachdenke, kommen mir die Tränen. Wir haben ihn und seinen Mantel vor Augen und gehen im Schnelldurchlauf weiter zum Happy End. Doch Joseph musste Jahr um Jahr mit der Spannung seiner prophetischen Träume leben, die so schrecklich unerfüllt zu bleiben schienen. In die Sklaverei verkauft, falsch beschuldigt, ins Gefängnis geworfen und vom Diener des Königs vergessen, obwohl er ihm geholfen hatte, hatte Joseph sicher allen Grund, seinen Traum zu vergessen, alles für Unsinn zu halten und in Verbitterung und Misstrauen zu leben.

Wie gesagt: Es ist leicht, die Geschichte nur kurz und abstrakt zu betrachten. Aber nehmen Sie sich einen Augenblick Zeit und beziehen Sie diese Geschichte auf SICH.

Auf welche Träume warten Sie immer noch?

Welche Hoffnungen hegen Sie noch, obwohl sie meilenweit von der Wirklichkeit entfernt scheinen?

Oder haben Sie schon aufgegeben?

Haben Sie resigniert aufgehört, an das Wort oder den Traum zu glauben, weil die Erfüllung nicht zu dem Zeitpunkt und nicht so geschah, wie Sie es erwartet hatten?

Und wer hat Sie verletzt? Wer hat Sie verraten? Wer hat Ihre Freundschaft in die Sklaverei verkauft - indem er Sie aus Eifersucht oder Bosheit verletzte? Welche Herzenseinstellung haben Sie zu diesen Menschen?

Wenn wir Gott ein wohlgefälliges Opfer bringen wollen, können wir ihm als besonders bewegende Gabe die Träume geben, von denen wir empfinden, dass er sie uns zugesprochen hat. Diese Träume müssen immer wieder auf den Altar gelegt und mit neuer Hoffnung erfüllt werden. Manchmal verlangt ein Traum mehr als den Glauben, ihn loszulassen; er erfordert auch die Hoffnung, ihn wieder aufzugreifen, nachdem wir ihm auf dem Altar gestorben sind.

Indem wir unsere Träume täglich dem Herrn hingeben - und so anerkennen, dass es in Wirklichkeit seine Träume sind, die von ihm kamen -, öffnen wir uns einem ständigen Zustrom vom Himmel, der unsere Intentionen *reinigt* und unsere Zielsetzungen *klärt*. Wenn wir uns darauf fixieren, dass etwas genau dann und genau so geschieht, wie wir es geplant haben, gehen wir an der Tatsache vorbei, dass Gott sein Wort an uns inmitten unserer geistlichen Reise erfüllt.

Wenn wir den Traum aus den Augen verlieren und beiseite schieben, werden wir ihn verpassen oder wir vergessen, ihn wieder aufzugreifen.

Das Opfer der Vergebung

> *Denn wenn ihr den Menschen ihre Verfehlungen vergebt, so wird euer himmlischer Vater euch auch vergeben. Wenn*

ihr aber den Menschen ihre Verfehlungen nicht vergebt, so wird euch euer Vater eure Verfehlungen auch nicht vergeben (Matthäus 6,14-15).

Josephs Leben zeigt uns einen beharrlichen Glauben, der trotz aller Entmutigungen kontinuierlich in Gott Hoffnung schöpfte. Statt verbittert zu werden, brachte Joseph auf seinem Altar uneingeschränkte Vergebung als Opfer dar, denn er hatte erkannt, dass selbst denen, die ihn verletzt hatten, nicht völlig bewusst war, was sie getan hatten.

Wenn wir durch solche Verletzungen wachsen, aus diesen Erfahrungen lernen und dadurch besser werden, haben sie uns natürlich wesentlich dabei geholfen, die Ziele unseres Herzens zu erreichen. Joseph stellte den Beziehungsaltar zwischen sich und seinen Brüdern wieder her, statt ihn in Trümmern liegen zu lassen.

Wer von uns blickt nicht auf schmerzhafte Erfahrungen zurück und erkennt, dass diese Zeiten uns in Wirklichkeit geformt haben und uns reifer und besser werden ließen?

Ich denke an ein Zitat meines guten Freundes Dr. Joseph Umidi, einem Theologen und wunderbaren Leiter im Leib Christi. Joe sagt: »Auf der anderen Seite des Konflikts liegt, wenn wir uns ihm mutig stellen, der Segen Gottes.«

Wenn wir mitten in unseren Schwierigkeiten nicht aufhören, an dem Gott des Traumes festzuhalten, den Traum bewahren und in Liebe und Vergebungsbereitschaft mit denen leben, die uns unterwegs verletzt haben, befinden wir uns auf einem großartigen Weg, der zu einem von Gott geschenkten Erfolg führt.

Das Opfer beharrlicher Fürbitte

Ich komme der Morgendämmerung zuvor und schreie;
ich hoffe auf dein Wort.
Meine Augen kommen den Nachtwachen zuvor,
damit ich nachsinne über dein Wort
(Psalm 119,147).

Wir alle glauben - theoretisch - an die Macht des Gebets. Aber oft begreifen wir es nicht, dass gerade in der Bibel Gebete manchmal erst nach langen Phasen beharrlicher Fürbitte erhört werden.

Hanna war eine Frau, die zwar von ihrem Mann sehr geliebt wurde, aber einen tiefen Schmerz in ihrem Herzen verspürte, weil sie kein Kind bekommen konnte. Jahr für Jahr ging sie zum Haus des Herrn, um IHN zu suchen, und Jahr für Jahr wurde sie von der zweiten Frau ihres Mannes verspottet.

Wie oft weinte sie sich in den Schlaf?

Wie oft wollte sie aufgeben zu glauben, dass Gott sie liebte oder sich um sie kümmerte?

Wie oft grübelte sie, ob sie irgendetwas falsch gemacht oder irgendeine schlimme Sünde gegen Gott begangen hatte?

Wie oft hoffte sie mit bangem Herzen, ob sie vielleicht doch schwanger sei, nur um dann Monat für Monat zu erleben, wie alle Hoffnungen wieder zerschlagen wurden?

Denken Sie daran, dass die Bibel *wahre* Geschichten über *wirkliche* Menschen erzählt, die mit *tatsächlichen* Situationen konfrontiert waren und oft sehr *realen* Schmerz erlebten. Und wenn unser Glaube an Gott über schön klingende Lippenbekenntnisse hinauswachsen soll, müssen wir der Realität dieser Geschichten nachspüren, um Kraft aus den Erfahrungen schöpfen zu können, die sie uns bezeugen.

> SIE LIESS SICH VON IHREM SCHMERZ AN DEN ORT DES GEBETS FÜHREN. AM ORT DES GEBETS ANGEKOMMEN, GING SIE TIEFER UND SCHLOSS EINEN BUND MIT DEM HERRN.

Und das Schwierige an Hannas Geschichte - das, was uns so gar nicht behagt - ist die Feststellung, dass der HERR »ihren Mutterleib verschlossen« hatte.

Warum? Warum sollte Gott so etwas tun?

Ist er denn nicht gut? Möchte er nicht heilen und helfen?

Warum sollte er Hanna dieses Leid zumuten?

Darüber schweigt die Bibel. Sie gibt uns keine Antworten auf diese Fragen.

Aber es ist interessant zu beobachten, dass Hannas Verzweiflung sie zum Herrn trieb. Sie ließ sich von ihrem Schmerz an den

Ort des Gebets führen. Am Ort des Gebets angekommen, ging sie tiefer und schloss einen Bund mit dem Herrn.

Sie sagte: »*Herr, wenn du mir einen Sohn gibst - das Kostbarste, was ich ersehne -, werde ich ihn dir als Opfer hingeben. Ich werde ihn dir zurückgeben, damit er alle Tage seines Lebens in deinem Haus dient*« (vergleiche 1. Samuel 1,11).

Aus Verzweiflung entsprang Gebet.
Aus Gebet wurde Beziehung.
Aus Beziehung ging ein Opfer und ein Bund hervor.

Gott hatte einen Plan

Ich glaube, dass Gott bekam, wonach er suchte. Könnte es nicht so sein, dass der Herr in dieser Zeit des großen Abfalls durch Hophni und Pinehas (weil Gott nicht zulassen konnte, dass Elis Nachkommen weiter im Tempel dienten) nach jemandem suchte, der in Gerechtigkeit vor ihm leben würde? Und noch bevor Samuel im Leib seiner Mutter geformt wurde, sah Gott ihn, liebte ihn und beschloss, ihn zu seiner Freude auszusondern.

Es fällt trotzdem nicht leicht, ein auserwähltes Gefäß für den Herrn hinzugeben. Die Welt ist voll von Ablenkungen und Gelegenheiten, die um unsere Aufmerksamkeit und unsere Lebensenergie ringen. Wie konnte der Herr auf das Leben Samuels eine solche Bestimmung legen, die ihn unverwechselbar für ihn aussonderte?

Könnte es sein, dass die Verzweiflung vor seiner Geburt eine vom Herrn veranlasste Zeitspanne war, in der er Hanna die Zeit gab, um zu erkennen, dass dieser Sohn nicht geboren werden würde, um auf den Feldern zu arbeiten oder Händler oder Hirte zu werden?

Vielleicht ist Ihnen die Vorstellung unangenehm, dass Gott auf etwas warten sollte. Aber Gott wartete die »Fülle der Zeit« ab, bevor Christus geboren wurde. Und lange vor Christus wartete Gott geduldig darauf, dass Noah die Arche fertig baute (1. Petrus 3,20).

Könnte es sein, dass diese Verzögerung, die Bob Sorge als »das Feuer verzögerter Erhörungen« bezeichnet, zugelassen wurde, damit Samuel von seiner Empfängnis an für den Herrn ausgesondert wurde?

Nun, Samuel wird seit der Zeit seiner frühesten Erinnerungen erkannt haben, dass sein Leben anders war; es war von Sinn und Ziel geprägt und hatte eine klare Bestimmung.

Und was ist mit Hanna, fragen Sie? Sie hatte unter Tränen und Schmerzen ihr Opfer des beharrlichen Gebets vor Gott gebracht. Sie hatte die Flamme vor Gott am Brennen gehalten.

Was empfand Hanna nach dieser Verzögerung Gott gegenüber?

Ist Gott so grausam und gefühllos, dass er ihren Schmerz ausnutzte, nur um seinen Willen zu bekommen?

Ist Gott so gefühllos, dass er ihren Kummer über die Unfruchtbarkeit bewusst dazu benutzt, seine Absichten zu erfüllen?

Ich denke, wir sollten Hanna selbst sprechen lassen:

Und Hanna betete und sprach:
Mein Herz freut sich in dem HERRN;
mein Horn ist erhöht durch den HERRN.
Mein Mund hat sich weit aufgetan über meine Feinde;
denn ich freue mich in deinem Heil!

Niemand ist heilig wie der HERR,
ja, es ist keiner außer dir;
und es ist kein Fels wie unser Gott!

Redet nicht viel von hohen Dingen;
Vermessenes gehe nicht aus eurem Mund!
Denn der HERR ist ein Gott, der alles weiß,
und von ihm werden die Taten gewogen.

Der Bogen der Starken ist zerbrochen,
aber die Schwachen haben sich mit Kraft umgürtet.
Die Satten haben sich um Brot verkauft,
aber die Hungrigen hungern nicht mehr;
ja, die Unfruchtbare hat sieben geboren,
und die viele Kinder hatte, ist verwelkt!

Der HERR tötet und macht lebendig;
er führt ins Totenreich und führt herauf!
Der HERR macht arm und macht reich;
er erniedrigt, aber er erhöht auch.

Er erhebt den Geringen aus dem Staub;
aus dem Kot erhöht er den Armen,
damit er sie sitzen lasse unter den Fürsten
und sie den Thron der Herrlichkeit erben lasse.

Denn die Grundfesten der Erde gehören dem HERRN,
und er hat den Erdkreis auf sie gestellt.
Er wird die Füße seiner Getreuen behüten;
aber die Gottlosen verstummen in der Finsternis;
denn der Mensch vermag nichts aus [eigener] Kraft.

Die Widersacher des HERRN werden zerschmettert werden; er wird über sie donnern im Himmel.
Der HERR wird die Enden der Erde richten
und wird seinem König Macht verleihen
und das Horn seines Gesalbten erhöhen!
(1. Samuel 2,1-10)

Klingt das nach einem unzufriedenen Herzen? Natürlich nicht! Hanna brach zum Sieg durch - *und was für ein Sieg das war!* Ihr Sohn war nicht einfach irgendein Sohn; ihr Sohn wurde unter dem Priester Eli im Haus Gottes erzogen!

Können Sie den Stolz im Herzen dieser jüdischen Mutter nachempfinden? Und einige Jahre später würde sie wissen, dass ihr Sohn derjenige war, der an Elis Platz treten und schließlich König David salben sollte. Glauben Sie, dass sie sich an ihren Schmerz überhaupt noch ERINNERTE? Nein - sie trug ein Gewand des Lobes und nicht den Geist der Schwermut!

Glauben Sie, dass sie sich an ihren Schmerz überhaupt noch **erinnerte**? Nein - sie trug ein Gewand des Lobes und nicht den Geist der Schwermut!

Danach vervielfältigte der Herr den Segen und sie bekam noch fünf weitere Kinder.

Gottes Plan für Sie

Geliebte Mitchristen, wenn wir mit den Bereichen unserer eigenen Unfruchtbarkeit richtig umgehen ...

Wenn wir aus unserer Unfruchtbarkeit heraus zu dem Gott beten, der da ist, ihm glauben und auf seine Wege vertrauen ...

Wenn wir in der Realität unseres Schmerzes einen Bund mit ihm schließen ...

dann wird er zu uns kommen.

Dann wird er uns antworten.

Dann wird er uns erhören.

Dann wird er sich uns zuwenden und uns durch Leben und Sieg führen.

Lassen Sie nicht zu, dass verzögerte Träume oder Gebetserhörungen die Flamme ersticken, die Sie auf dem Altar Gottes brennen lassen.

Sorgen Sie dafür, dass die Flamme hell brennt.

Eine Verzögerung vertieft und verstärkt nur Ihre leidenschaftliche Sehnsucht danach, die Flamme weiter anzufachen.

Kapitel 11

Die Zeit weise nutzen: Das Opfer unserer Hände

Und die Freundlichkeit des Herrn, unsres Gottes, sei über uns,
und das Werk unsrer Hände fördere du für uns,
ja, das Werk unsrer Hände wollest du fördern!

Psalm 90,17

Ich liebe die Bibel aus vielen Gründen. Einer davon ist ihr *wirklichkeitsnaher* und *praktischer* Charakter. Menschen, denen die Bibel allzu einfach und deshalb irrelevant erscheint, haben sich nicht die Zeit genommen zu sehen, wie treffend und genau sie sich zu allen Situationen des Lebens äußert.

Unser Wunsch ist es, ein wohlgefälliges Opfer darzubringen. Wir suchen nach der rechten Ordnung in unserem Leben, damit unsere Fürbitte effektiv dazu beitragen kann, in dieser Generation dem Herrn den Weg zu ebnen. Wir müssen unsere Herzen, unsere Beweggründe, unsere Gefühle und unser Gebetsleben einer glasklaren Überprüfung unterziehen. Es kommt entscheidend darauf an, dass wir täglich die Aufrichtigkeit unserer Beweggründe prüfen.

Für wen arbeiten Sie?

Auf meinen internationalen Reisen treffe ich zahllose Menschen, die zu mir kommen und sagen: »Robert, bitte bete für mich. Ich habe wirklich den Eindruck, dass ich in den vollzeitigen Dienst berufen bin.« Es vergeht keine Woche, in der das nicht passiert. Irgendwie haben wir uns eine Vorstellung vom »vollzeitigen Dienst« geschaffen, als wäre es eine besondere, elitäre Traumwelt, in der wir in einer Wolke der Salbung und der besonderen Gefühle schweben.

Ich stelle diesen Leuten gern die Frage: »Hast Du schon versucht, ein vollzeitiger Christ zu sein?« Christ zu sein *ist* ein vollzeitiger Dienst. Was einige Leute wirklich meinen, wenn sie von einem vollzeitigen Dienst sprechen, ist, dass sie für ein christliches Werk oder eine Gemeinde arbeiten möchten - *und dass sie einer weltlichen Berufstätigkeit entsprechend bezahlt werden wollen.*

Ich stelle diesen Leuten gern die Frage: »Haben Sie schon versucht, ein vollzeitiger Christ zu sein?«

Denken Sie einmal über Folgendes nach. Im geistlichen Dienst geht es um eine Berufung. Wir sind *berufen*, Christus überall dort zu dienen, wo wir gerade *arbeiten*. Paulus verdiente seinen Lebensunterhalt als Zeltmacher. Er arbeitete vollzeitig - die ganze Zeit - in einem Leben für Christus. Er brauchte kein Gehalt bei einer Missionsorganisation als Bestätigung für seinen Dienst. Paulus schrieb in Philipper 1,21: *»Denn für mich ist Christus das Leben ...«* Das hört sich vollzeitig an. Geld, Gehalt, Vergütungen, Prämien und dergleichen kamen in seinen Überlegungen nicht vor. Seine Berufung galt Christus im Amt eines Apostels. Geld zu verdienen war einfach Teil seiner beruflichen Tätigkeit.

Dienst buchstabiert man A-R-B-E-I-T. Besonders im apostolischen Dienst in der Endzeit. Wenn wir wirklich in den letzten Tagen leben (und das glaube ich), dann müssen wir erkennen, dass wir uns auf bedeutsame Zeiten vorbereiten. Wir müssen wie die »Söhne Issaschars« sein, die Einsicht in die Zeiten hatten und wussten, was Israel tun sollte (1. Chronik 12,33).

Lesen Sie einige Beschreibungen über den »vollzeitigen Dienst« von Paulus.

Ich habe weit mehr Mühsal, über die Maßen viele Schläge ausgestanden, war weit mehr in Gefängnissen, öfters in Todesgefahren. Von den Juden habe ich fünfmal 40 Schläge weniger einen empfangen; dreimal bin ich mit Ruten geschlagen, einmal gesteinigt worden; dreimal habe ich Schiffbruch erlitten; einen Tag und eine Nacht habe ich in der Tiefe zugebracht. Ich bin oftmals auf Reisen gewesen, in Gefahren auf Flüssen, in Gefahren durch Räuber, in Gefahren vom eigenen Volk, in Gefahren von Heiden, in Gefahren in der Stadt, in Gefahren in der Wüste, in Gefahren auf dem Meer, in Gefahren unter falschen Brüdern; in Arbeit und Mühe, oftmals in Nachtwachen, in Hunger und Durst; oftmals in Fasten, in Kälte und Blöße; zu alledem der tägliche Andrang zu mir, die Sorge für alle Gemeinden (2. Korinther 11,23b-28).

Im Reich Gottes zu leben, bedeutet nicht, Zeit für den Herrn »einzuplanen«. Es geht vielmehr darum anzuerkennen, dass er der Herr über alle Zeit ist und dass wir dafür verantwortlich sind, wie wir verwalten, was er uns gibt.

Freunde, einen Lebensstil zu entwickeln und nach Werten zu leben, die dem Reich Gottes entsprechen, ist nicht leicht. Das ist nichts für zart besaitete Leute. Die Botschaft Jesu wirklich zu leben erfordert Arbeit, Mühe, Schmerz, Selbstlosigkeit, Ausdauer und - Sie ahnen es schon - noch mehr Arbeit!

Wollen wir ein wohlgefälliges Opfer darbringen? Wollen wir wirklich erleben, dass diese Generation *verändert* wird? Sehnen wir uns leidenschaftlich danach, dass Gott handelt, und sind wir bereit, jeden Preis zu zahlen, damit eine heilige Revolution unsere Zeit erfasst, wie es im Altertum der Fall war?

Zeit als Geschenk

Zeit ist das kostbarste Gut. Keiner von uns hat das Gefühl, genug davon zu haben. Wir alle wünschen uns mehr Zeit. Die Welt der Technologie arbeitet wie wild daran, mehr Geräte zu produzieren, um unser Leben zu vereinfachen und unsere verfügbare Zeit zu mehren, doch wir haben das Gefühl, immer weniger davon zu haben.

Jesus kommt aber nicht und bittet, dass wir ihn in unsere Welt einbeziehen. Er möchte vielmehr *unsere Welt werden*. Im Reich Gottes zu leben, bedeutet nicht, Zeit für den Herrn »einzuplanen«. Es geht vielmehr darum anzuerkennen, dass er der Herr über alle Zeit ist und dass wir dafür verantwortlich sind, wie wir verwalten, was er uns gibt.

Das Leben Jesu ist das vollkommene Beispiel dafür, wie wir unser Leben ganz im Reich Gottes leben sollen. Betrachten Sie ein typisches Beispiel für die Art und Weise, wie er lebte.

> *Und als er vorbeiging, sah er einen Menschen, der blind war von Geburt an. Und seine Jünger fragten ihn und sprachen: Rabbi, wer hat gesündigt, so daß dieser blind geboren ist, er oder seine Eltern? Jesus antwortete: Weder dieser hat gesündigt noch seine Eltern; sondern an ihm sollten die Werke Gottes offenbar werden! Ich muß die Werke dessen wirken, der mich gesandt hat, solange es Tag ist; es kommt die Nacht, da niemand wirken kann. Solange ich in der Welt bin, bin ich das Licht der Welt. Als er dies gesagt hatte, spie er auf die Erde und machte einen Brei mit dem Speichel und strich den Brei auf die Augen des Blinden und sprach zu ihm: Geh hin, wasche dich im Teich Siloah (das heißt übersetzt: »Der Gesandte«)! Da ging er hin und wusch sich und kam sehend wieder*
> (Johannes 9,1-7).

In der Bibel steht, dass Jesus dem Blinden begegnete, »als er vorbeiging«, und seine Jünger ihn nach dem Mann fragten. Was tat Jesus hier? Heilte er? Ja. Lehrte er seine Jünger in der Nachfolge?

Ja. Evangelisierte er? Ja. Einige Verse später lesen wir, wie er die religiöse Gesellschaft konfrontierte.

> *Jesus hörte, daß sie ihn ausgestoßen hatten, und als er ihn fand, sprach er zu ihm: Glaubst du an den Sohn Gottes? Er antwortete und sprach: Wer ist es, Herr, damit ich an ihn glaube? Jesus aber sprach zu ihm: Du hast ihn gesehen, und der mit dir redet, der ist es! Er aber sprach: Ich glaube, Herr! und fiel anbetend vor ihm nieder. Und Jesus sprach: Ich bin zum Gericht in diese Welt gekommen, damit die, welche nicht sehen, sehend werden und die, welche sehen, blind werden. Und dies hörten etliche der Pharisäer, die bei ihm waren, und sprachen zu ihm: Sind denn auch wir blind? Jesus sprach zu ihnen: Wenn ihr blind wärt, so hättet ihr keine Sünde; nun sagt ihr aber: Wir sind sehend! – deshalb bleibt eure Sünde* (Johannes 9,35-41).

Mit anderen Worten: Jesus lebte absichtsorientiert. Er hatte keine Liste mit Erledigungen, in der genaue Zeiten festgelegt waren, in denen er lehren oder evangelisieren oder die Gesellschaft konfrontieren würde. Er setzte vielmehr die Realität des Reiches Gottes frei, die in ihm war, und übertrug sie auf jede Situation, die ihm begegnete. Das Reich Gottes kam buchstäblich AUS ihm - wie Salz und Licht, das allem und jedem Würze und Licht gab, mit dem er in Berührung kam.

DAS REICH GOTTES KAM BUCHSTÄBLICH **AUS** IHM – WIE SALZ UND LICHT, DAS ALLEM UND JEDEM WÜRZE UND LICHT GAB, MIT DEM ER IN BERÜHRUNG KAM.

Statt Zeiten einzuplanen, in denen wir »heilige Dinge« tun, möchte Gott, so glaube ich, dass wir jede Gelegenheit nutzen, indem wir sie durch seine Gegenwart und Macht heiligen. Sein Reich wird ausgebreitet, wenn wir ihm jeden Schritt weihen, den wir unternehmen.

Die Zeit weise nutzen

Viele Dinge sind nicht in sich selbst heilig oder profan, sondern der Unterschied liegt darin, wie wir an sie herangehen und was wir mit ihnen anfangen.

Möchten Sie mit einigen Freunden irgendwo Kaffee trinken oder ein Eis essen gehen? Wunderbar! Aber wie sehen Ihre Gespräche in dieser Zeit aus?

Welcher Absicht dient diese Zeit?

Wird sie nur oberflächlich sein?

Wird etwas vom Reich Gottes in Ihrer Zeit vorkommen?

Werden Jesus und seine Absichten im Mittelpunkt stehen?

Ich sage damit nicht, dass jedes Erlebnis »super-geistlich« sein muss; aber ich sage, dass für *Hüter der Flamme*, für Bürger des Reiches Gottes, jedes Erlebnis heilig sein muss. Wir müssen das Leben als eine Erfahrung verstehen, die einer höheren Absicht dient. Die Gegenwart Gottes und ein Verständnis seiner Absicht sollte alles heiligen, was wir tun. Wenn das geschieht, beginnt unsere Zeit sich zu vervielfältigen.

Eines Tages hatten meine Frau und ich einen Film ausgeliehen und beschlossen, fünf oder sechs junge Freunde einzuladen, die wir in der Nachfolge begleiteten. Der Film war sehr emotional. Er handelte von einem Vater-Sohn-Konflikt und den damit verbundenen inneren Kämpfen. Es war ein sehr bewegender Film. Aber allmählich nahm ich darin eine Nebenhandlung nach typischer Hollywood-Manier wahr, die deutlich familienfeindlich und vaterfeindlich war. Auf den ersten Blick war das nicht so offensichtlich, weil der Handlungsverlauf sehr fesselnd war, aber der Film drückte tatsächlich eine Gott gegenüber feindliche Weltanschauung aus.

Anschließend kommentierten alle, was für ein guter Film es gewesen sei und wie sehr er allen gefallen hatte. Ich begann, einige kritische Fragen zu stellen, wobei ich einige meiner Beobachtungen andeutete. Nach mehreren weiteren Kommentaren kamen wir auf das tief greifende Thema der Vaterschaft zu sprechen und erörterten, welche Beziehung zwischen Vaterschaft und der Festlegung von Werten und Moralvorstellungen besteht. Es entwickelte sich ein sehr effektives und sinnvolles Gespräch, weil wir versuchten, das wertvolle Geschenk der Zeit weise zu nutzen.

Der Abend hätte nichts weiter als ein Abend der Entspannung sein können, bei dem die negative Botschaft des Films unbemerkt hingenommen worden wäre. Stattdessen wurde es ein Abend, an dem wir unsere Beziehungen vertieften, uns einander ehrlich mitteilten und das Reich Gottes ausbreiteten, weil wir unsere Zeit absichtsorientiert nutzten.

Wer hat das deutlicher demonstriert als Jesus? Oft waren es Feste und Abendessen, bei denen er seine Wunder wirkte und seine Lehren weitergab. Seine Spiritualität und seine Botschaft des Reiches Gottes strahlten überall aus, wo er war. Auch unsere Spiritualität sollte sich nicht auf eine Erfahrung am Sonntagmorgen beschränken.

Wer ist Herr über Ihre Zeit?

Jesus ist Herr über unsere Zeit und zwar zu jeder Zeit. Wenn wir in einem Beruf arbeiten, für den wir bezahlt werden, ist er Herr. Wenn wir mit unseren Familien und Freunden zusammen sind, ist er Herr. Wenn wir unsere geistlichen Übungen machen, mit geistlichen Gaben dienen, Gott anbeten und musizieren, ist er Herr.

Zeit zu vergeuden bedeutet einfach, dieses kostbare Geschenk in einer Weise zu verwenden, die Gott nicht ehrt, ihn nicht verherrlicht oder ihm nicht dient. Manchmal vergeuden Menschen Zeit in der Gemeinde oder in einem Gottesdienst. Sie *verwenden* Zeit für etwas Religiöses, statt die Zeit für Gottes Absichten und zu seiner Ehre zu *nutzen*. Mit anderen Worten lautet die Frage: Nutzen Sie Ihre Zeit so, wie der Herr Sie von Augenblick zu Augenblick leitet, oder gehen Sie selbstsüchtig und unvernünftig mit Zeit um?

Menschen, die sich im geistlichen Dienst erschöpfen, gebrauchen ihre Zeit oft in unvernünftiger Weise oder zur eigenen Bestätigung. Menschen, die ihren Dienst als bedrückende Last empfinden, tun die falschen Dinge aus den falschen Gründen.

Zeit ist die Währung des Lebens. Zeit investieren Sie für das, was Ihnen wichtig ist. Ich kenne Pastoren und Evangelisten, Musiker und Lobpreisleiter, die ihre Ehepartner und Kinder verloren haben, weil sie diejenige Zeit für Arbeit verschwendeten, die sie in ihre Familien hätten investieren sollen. Ebenso habe ich gesehen, dass manche im geistlichen Dienst Zeit vergeuden, indem sie zu Hause faulenzen, während Gottes Volk vernachlässigt und seine Bedürfnisse ignoriert werden, die Verlorenen nicht evangelisiert werden und den Armen nicht gedient wird.

Nie gab es mehr Gelegenheiten, Zeit zu verschwenden, als heute. Wir vergeuden Zeit mit Fernsehen und wenden unsere Aufmerksamkeit gottlosen Maßstäben und unweisen Stimmen zu. Selbst die Werbespots im Fernsehen transportieren Wertvorstellungen, die dem Reich Gottes völlig widersprechen.

Es ist so frustrierend zu sehen, wie viele Christen eifersüchtig und egoistisch über ihre Zeit wachen, aber sie nicht wirklich dem Herrn und seinen Absichten geben. Die Entschuldigung lautet: »Ich brauche etwas Zeit für mich selbst« oder: »Ich brauche eine Auszeit«, aber eigentlich sagen sie damit, dass sie Zeit für Fernsehen, Einkaufsbummel oder andere Zeitvertreibe brauchen, die Gottes Reich nicht fördern.

Solange wir versuchen, Gott in unseren modernen westlichen Lebensstil »einzubeziehen«, werden wir nicht in die eigentliche Arbeit im Reich Gottes hineinkommen, indem wir unsere Zeit auskaufen und sie dem König und seinem Reich unterordnen. *Jede Entscheidung über unsere Zeit ist eine ewige Entscheidung*. Wir investieren entweder in das Reich Gottes oder in die Welt die kostbarste Saat, die wir besitzen - unsere Zeit.

JEDE ENTSCHEIDUNG ÜBER UNSERE ZEIT IST EINE EWIGE ENTSCHEIDUNG. WIR INVESTIEREN ENTWEDER IN DAS REICH GOTTES ODER IN DIE WELT DIE KOSTBARSTE SAAT, DIE WIR BESITZEN - UNSERE ZEIT.

Eine Zeit, zu wählen

Wenn die Herrschaft Jesu die tiefsten Bereiche unseres Lebens erfassen soll, müssen wir dem Herrn jedes Recht über unsere Zeit einräumen. Das setzt Entscheidungen voraus, wie wir Zeitverschwendungen meiden, die zwar nicht an sich böse sind, aber unsere Ressourcen nicht optimal nutzen.

Es sind gute Ideen, aber nicht Gottes Ideen.

Solche Dinge haben eine momentane Auswirkung, aber keine bleibende Bedeutung.

Es ist an der Zeit zu entscheiden, nur solche Dinge zu tun, die in Ewigkeit Bestand haben werden. Und welche Kriterien gibt es für einen solchen »heiligen« Umgang mit Zeit? Jesus setzt den Maßstab dafür:

> *Da antwortete Jesus und sprach zu ihnen: Wahrlich, wahrlich, ich sage euch: Der Sohn kann nichts von sich selbst aus tun, sondern nur, was er den Vater tun sieht; denn was dieser tut, das tut gleicherweise auch der Sohn*
> (Johannes 5,19).

Wir tun also nur das, was Gott uns zeigt; wir sagen nur, was der Vater uns zu sagen gibt. Der ewige Gott offenbart uns, wie wir unsere Zeit so nutzen, dass wir damit Schätze im Himmel sammeln, statt etwas zu tun, was schließlich vergehen wird.

In dieser Stunde der Menschheitsgeschichte können wir Christen es uns NICHT LEISTEN, Zeit mit neutralen Aktivitäten zu vertrödeln. Wir müssen jeden Augenblick auskaufen und für Christus und seine Absichten zur Verfügung stellen.

Wer ist Herr über Ihren Besitz?

Ein weiteres Opfer im Bereich unserer Arbeit, das wir dem Herrn bringen müssen, ist das vermeintliche Eigentumsrecht über unseren Besitz, das wir fälschlich angenommen haben. Wir müssen unsere habgierigen Wünsche aufgeben, Dinge festzuhalten, die uns nicht gehören. Ich erwähnte bereits A. W. Tozers Gelübde, »nie etwas zu besitzen«. Wir sind nur Verwalter für die Dinge, die der Herr uns gegeben hat, und wir sollten unsere irdischen Güter in der offenen Hand halten und jeden Moment bereit sein, sie für den Herrn zu gebrauchen.

Oft ist Eagles' Wings an der Koordination regionaler Konferenzen zur Zurüstung der Gemeinde beteiligt. Wir suchen Unterkunft für die Mitarbeiter unseres Teams, damit wir Gottes Geld besser verwalten können und nicht so viel für Hotels ausgeben müssen.

Es erstaunt mich immer wieder, wie schwierig es ist, in den Gemeinden Christen zu finden, die ihre Häuser oder Wohnungen dafür öffnen. Selbst in großen Gemeinden (manchmal sogar besonders in großen Gemeinden) scheint es unmöglich, auch nur wenige zu finden, die der biblischen Ermahnung folgen, Gastfreundschaft zu üben. Paulus schreibt: »*Nehmt Anteil an den Nöten der Heiligen, übt willig Gastfreundschaft!*« (Römer 12,13). Andere biblische Ermahnungen lauten:

> *Seid gegeneinander gastfreundlich ohne Murren! Dient einander, jeder mit der Gnadengabe, die er empfangen hat, als gute Haushalter der mannigfaltigen Gnade Gottes* (1. Petrus 4,9-10).

> *So sind wir nun verpflichtet, solche aufzunehmen, damit wir Mitarbeiter der Wahrheit werden* (3. Johannes 1,8).

> *Vernachlässigt nicht die Gastfreundschaft; denn durch sie haben etliche ohne ihr Wissen Engel beherbergt* (Hebräer 13,2).

Das Prinzip der Gastfreundschaft sollte über unsere Wohnungen hinausgehen und alle unsere Mittel einschließen. Sind wir bereit, mit allen uns anvertrauten Gütern offen umzugehen und sie großzügig mit der Gemeinschaft des Glaubens und den Hilfsbedürftigen zu teilen?

Unsere Zeit und unseren Besitz auf den Altar zu legen befähigt uns, die Flamme am Brennen zu halten, indem wir das tun, was Gott verherrlicht und in seinem Namen und in seiner Macht den tiefen Nöten anderer begegnet.

KAPITEL 12

Säen und Ernten: Das Opfer des Arbeitseifers

Laßt uns aber im Gutestun nicht müde werden; denn zu seiner Zeit werden wir auch ernten, wenn wir nicht ermatten.

GALATER 6,9

Amerikaner handeln oft aus einer Einstellung des Konsumierens statt des Gebens; sie erwarten Bequemlichkeit statt Opfer. Statt selbstlos zu sein, bewegen wir uns in einer egoistischen, selbstbezogenen Tätigkeit, die für den Augenblick unsere Wünsche befriedigt, statt Gott für die Ewigkeit zu dienen. Die vorrangige Frage bei der Übernahme irgendeiner Aufgabe lautet meist: »Was habe ich selbst davon?«

Das Reich Gottes verlangt eine dienende Einstellung. Die vorrangige Frage lautet: »Wie kann ich dienen?«

Zu viele Christen gehen von der Erwartung aus, dass die Gemeinde dazu da ist, ihnen zu dienen und für ihre Bedürfnisse zu sorgen. Innerhalb dieser Gruppe findet man einen Kern von Freiwilligen, die mithelfen, das Nötige zu tun, aber gewöhnlich macht diese Gruppe nur einen geringen Prozentsatz der ganzen Gemeinde aus, und auch sie können ihren Beitrag nur leisten, weil bezahlte Mitarbeiter für den nötigen Überblick und die Gesamtleitung sorgen.

Das Reich Gottes meint eine Armee dienender Leiter, von denen jeder die anderen höher achtet als sich selbst, und bereit ist, die *wirkliche* Arbeit zu tun und das Evangelium Jesu auf die Straßen und Gassen zu tragen. Christen dürfen ihren Verantwortungsbereich nicht als Hobby betrachten, dem sie nachgehen, wenn es ihnen gerade passt, sondern müssen ihn als göttlichen Auftrag in Gottes Plan für sein Reich verstehen.

Eifer. Vorzüglichkeit. Produktivität. Diese Werte, die bei der Gründung Amerikas eine so bedeutende Rolle spielten, weil sie einem puritanischen Verständnis des Wortes Gottes entstammen, müssen von uns heute zurückgewonnen werden. Wir sollten uns bei den Kriterien unseres Dienstes nicht mit dem kleinsten gemeinsamen Nenner zufrieden geben. Wir sollten keine Spiegelbilder unserer Kultur sein. Wir sollten ein strahlendes Licht sein, das in die Dunkelheit unserer Umgebung ausstrahlt.

Der Stolz auf eine kunstvolle Handarbeit und die Freude an harter Arbeit verschwinden aus Amerika und den westlichen Nationen der Erde. Wir sind faul und verantwortungslos geworden und vergessen, was wirkliche Arbeit bedeutet. So sollte es im Haus Gottes aber nicht sein! Christen sollten die Maßstäbe setzen und mit allem Eifer und Einsatz arbeiten - umso mehr, als wir den Tag des Herrn näher kommen sehen! Wir müssen in unserer Generation geistlich darum kämpfen, im Volk Gottes eine Mentalität zu verankern, die zu arbeiten versteht und erkennt, dass harte Arbeit ohne Murren Gott verherrlicht.

CHRISTEN SOLLTEN DIE MASSSTÄBE SETZEN UND MIT ALLEM EIFER UND EINSATZ ARBEITEN – UMSO MEHR, ALS WIR DEN TAG DES HERRN NÄHER KOMMEN SEHEN!

Arbeit mit biblischer Vorzüglichkeit erfüllen

Harte Arbeit ist ein Opfer. Wir legen unsere Arbeit auf den Altar, damit sie exemplarisch für andere Menschen in der Gemeinde und für die Welt ausstrahlt. Was immer wir tun, sollten wir so tun, dass wir mit Paulus sagen können: *»Seid meine Nachahmer, gleichwie auch ich [Nachahmer] des Christus bin!«* (1. Korinther 11,1). Wie sieht diese Art von Hingabe und Engagement im Dienst für den Herrn aus?

Aus Gehorsam die Initiative ergreifen. John Maxwell sagt: »Du kannst nicht hochkommen, solange du nicht aufstehst.« Das mag allzu einfach klingen, aber die Wahrheit ist, dass zu viele Christen zwar oft große Reden schwingen, aber nicht an die Arbeit gehen. Sie sprechen davon, wie wichtig es ist, zu beten, die Bibel zu studieren, zu geben, Gott anzubeten, Jesus zu bezeugen, zu arbeiten und zu dienen; aber die meisten Projekte, die Gott ihnen vorlegt, nehmen sie gar nicht erst in Angriff. Oft zögern sie den Beginn hinaus und verlieren dabei die Kraft des *kairos* für das jeweilige Projekt.

Was kann den Beginn sonst noch verhindern?

1. *Fehlende Bereitschaft.* Manchmal brauchen wir so lange, uns zum Gehorsam zu entschließen, dass wir in Wirklichkeit in Ungehorsam oder sogar Rebellion enden. Statt zu beten: »Herr, ich bin bereit«, beten wir: »Herr, mach mich bereit, bereit zu werden.« Wenn wir das Opfer der Arbeit als *Hüter der Flamme* ernsthaft dargebracht haben, sind wir bereits zu der Aufgabe verpflichtet, noch bevor der Herr uns die Einzelheiten offenbart hat. Allzu oft wollen wir erst alles erfahren, was diese Arbeit einschließt, bevor wir den ersten Schritt unternehmen. Wir beten: »Gott, zeige mir, was diese Arbeit alles mit sich bringt«, statt zu beten: »Gott, hier bin ich. Sende mich jetzt« (siehe Jesaja 6).

2. *Furchtsamkeit. Gott hat uns einen Geist der Liebe, der Kraft und der Besonnenheit gegeben, nicht einen Geist der Furchtsamkeit* (2. Timotheus 1,7). Die ersten Christen zeichneten sich durch eine Liebe und eine Kraft aus, zu der auch der Mut gehörte, Risiken einzugehen. Jede Glaubensinitiative birgt ein Risiko. Arbeit kann bedeuten, dass wir in aufopfernder Weise Zeit, Mühe und Geld investieren, bevor wir je ein Ergebnis sehen. Doch mit aufopfernden Investitionen ist auch das Risiko verbunden, etwas zu verlieren. Paradoxerweise gewinnen wir das Leben aber nur, indem wir es verlieren, wie Jesus uns in Erinnerung ruft.

3. *Eigene Pläne.* Wenn wir zu arbeiten beginnen und uns der gegebenen Autorität unterordnen, müssen wir eigene Pläne beiseite legen. Das kann schwierig sein. Vielleicht gehen wir mit unrealistischen oder selbstsüchtigen Erwartungen an unsere Arbeit heran. Bei der Arbeit im Reich Gottes geht es nicht um das, was wir wollen, sondern um eine Leidenschaft für das, was Gott will.

Prägen Sie sich Folgendes ein:

- *Hüter der Flamme arbeiten aus Überzeugung, nicht aus Neigungen.*
  Aufgrund eigener Pläne zieht ein Arbeiter es vielleicht vor, nicht pünktlich zu kommen, die zugewiesene Arbeit nicht auf die vorgesehene Weise zu erledigen oder nicht für den Erfolg eines anderen zu arbeiten. *Hüter der Flamme* dagegen arbeiten, um sich als beständig, loyal, zuverlässig und selbstlos zu erweisen.
  Rechte werden in Privilegien verwandelt und Privilegien werden als Gnade, nicht als Belohnung verliehen.
- *Hüter der Flamme haben als Arbeiter die nötige Reife erreicht, sich der Autorität anderer unterstellen und für den Erfolg anderer arbeiten zu können.* Ein dienender Leiter wird sich schließlich über den Erfolg anderer freuen, statt nach persönlichem Ruhm und Erfolg zu streben. Wenn wir anderen helfen, im Reich Gottes erfolgreich zu sein, stellen wir paradoxerweise fest, dass wir selbst erfolgreich sind und gedeihen.

Darauf bedacht sein, Gott zu gefallen, nicht Menschen. In ihrer Arbeit erwarten *Hüter der Flamme*

- *Orientierung* von gottesfürchtigen Leitern und *Bestätigung* von Gott (Sprüche 3,6).
- die *Entwicklung einer Vision* von gottesfürchtigen Leitern und die nötige *Versorgung* von Gott (Philipper 4,19).
- *Motivation* von gottesfürchtigen Leitern und *Inspiration* von Gott (2. Timotheus 3,16-17).
- *Mitwirkung* von gottesfürchtigen Leitern und die *Grundlegung* von Gott (1. Korinther 3,9-15).

Paulus erinnert uns daran, dass wir arbeiten, um Gott zu gefallen, nicht Menschen (1. Thessalonicher 2,4ff.). Unsere Motivation ist nie, uns selbst ehren zu lassen, sondern Gott in all unserer Arbeit zu verherrlichen.

Ein hart arbeitender Levit sein. »*... sondern du sollst die Leviten über die Wohnung des Zeugnisses setzen und über alle ihre Geräte und über alles, was dazu gehört. **Sie** sollen die Wohnung tragen samt allen ihren Geräten, und **sie** sollen sie bedienen und sich um die Wohnung her lagern*« (4. Mose 1,50).

Die Leviten des Alten Testaments waren echte Arbeiter, die

nicht nur im Gebet rangen, sondern auch tatkräftig anpackten. Ihnen wurden praktische Aufgaben beim Aufbau und Abbau der Stiftshütte übertragen, die von Ort zu Ort mitgeführt wurde. Als Priestertum des Bundes wollen auch wir alle unsere Pflichten - sei es im Gebet oder in praktischen Dingen - ernst nehmen.

Sich um vorzügliche Leistungen bemühen. Die Bibel warnt vor Faulheit (Sprüche 19,15; Prediger 10,18). Es ist an der Zeit zu entscheiden, dass auf Inspiration Transpiration folgen muss. Wir arbeiten hart und ruhen aus, um neu belebt und erfrischt zu werden. Die Anstrengungen, die wir unternehmen, zeigen, dass wir nicht mit weniger zufrieden sind, als unser Bestes zu geben.

Teamarbeit schätzen. Paulus vergleicht die Gemeinde in 1. Korinther 12 treffend mit einem menschlichen Körper. Unsere Arbeit muss im Team mit anderen zusammenfließen, indem wir auf ihre Stärken bauen, statt ihre Schwächen zu kritisieren. Wenn wir andere ermutigen, wird von ihnen zurückfließen, was wir gegeben haben. Paulus erinnert uns in Galater 6, dass wir ernten, indem wir auf den Geist säen. Menschen, die hart dafür arbeiten, ein Team zu bilden, entdecken, dass Freunde sie vor dem Scheitern bewahren.

> *Es ist besser, daß man zu zweit ist als allein, denn die beiden haben einen guten Lohn für ihre Mühe. Denn wenn sie fallen, so hilft der eine dem anderen auf; wehe aber dem, der allein ist, wenn er fällt und kein zweiter da ist, um ihn aufzurichten! Auch wenn zwei beieinander liegen, so wärmen sie sich gegenseitig; aber wie soll einer warm werden, wenn er allein ist? Und wenn man den einen angreift, so können die beiden Widerstand leisten; und eine dreifache Schnur wird nicht so bald zerrissen*
> (Prediger 4,9-12).

Die Latte höher legen. Gehen Sie über das hinaus, was je zuvor geleistet wurde. Lassen Sie sich durch anfängliche Misserfolge nicht lähmen. Wiederholen Sie die Prüfung immer wieder, statt sich mit der Lüge zu beruhigen: »Besser, man hat es versucht und ist gescheitert, als es nie probiert zu haben.« Überwinden Sie, bis der Sieg die Norm wird und nicht die Überraschung. Hören Sie auf zu jammern, wie schwer Ihre Arbeit ist oder wie viel von Ihnen erwartet wird. *Hüter der Flamme* sind Überwinder (Offenbarung 2-3).

Mit produktiven Ergebnissen rechnen. Wir arbeiten, um Ergebnisse zu erzielen. So wie ein Bauer seine Saat in der Erwartung auf eine zukünftige Ernte ausstreut, so gehört zu unserer Arbeit sowohl das Säen als auch das Ernten mit dem Ziel, Seelen für Gottes Reich zu gewinnen, Heilung und Befreiung zu sehen und Menschen für Leitungsaufgaben zuzurüsten (Lukas 9-10).

Realistisch sein. Denken Sie daran, dass Wachstum und Ergebnisse Zeit brauchen. Übereilte Arbeit führt oft zu Frustration und weiterer Arbeit. Vorzügliche Leistungen erfordern Effizienz, aber nicht sinnlose Hast. Geben Sie sich genug Zeit, um die höchsten Erträge zu erzielen.

Sich auf das Wesentliche konzentrieren. Legen Sie realistische Fristen für Ihre Ziele fest und halten Sie sich daran. Halten Sie den Blick fest auf Jesus gerichtet, um über alle Hindernisse hinweg das Ziel zu erreichen. Resignieren Sie nicht, geben Sie nicht auf und machen Sie keine Ausflüchte. Üben Sie Disziplin. Ihr Tempo sollte so hoch sein, dass Sie nicht in Stillstand geraten, wenn Hindernisse Sie einmal ausbremsen (Hebräer 12).

Konstruktive Anregungen und Ratschläge annehmen. (Sprüche 24,6). Lernen Sie aus den Fehlern und Erfahrungen anderer. Bitten Sie um Hilfe und um das, was Sie brauchen. Ärgern Sie sich nicht über Kommentare, nicht einmal von Ihren Feinden, denn die sehen Ihre Schwächen viel klarer als Sie selbst.

Geeignete Korrekturen vornehmen. Nehmen Sie Änderungen vor, wenn Änderungen nötig sind. Seien Sie flexibel, während Sie zugleich an der Wahrheit und den rechten Prinzipien festhalten. Ersetzen Sie Stolz durch Demut, sodass nicht Ihr Tun definiert, wer Sie sind (Sprüche 15,5.10).

Ohne Ermutigung ausdauernd sein. Wenn Ihre Leiter Ihnen keine Bestätigung geben können, schöpfen Sie Mut im Herrn. Geben Sie bei jedem Schritt Gott die Ehre. Suchen Sie Ihre Befriedigung in den Früchten Ihrer Arbeit, nicht in der Anerkennung anderer Menschen (Römer 12,9-21).

Die Arbeit zu Ende führen. Eine Sache zum Abschluss zu bringen führt zu Ergebnissen. Versuchen Sie es so lange, bis Sie Ihre

Sache richtig gemacht und erledigt haben. Lassen Sie gegen Ende nicht nach. Die härteste Arbeit fällt während der abschließenden Ernte an (1. Korinther 9,24-27).

Zum Opfer der Arbeit ermutigt Paulus mit den Worten: *»Darum, meine geliebten Brüder, seid fest, unerschütterlich, nehmt immer zu in dem Werk des Herrn, weil ihr wißt, daß eure Arbeit nicht vergeblich ist im Herrn!«* (1. Korinther 15,58).

Hüter der Flamme müssen arbeiten, um die Flamme am Brennen zu halten. Die Arbeit dient nicht zu unserer Erlösung oder Berufung; dafür hat Christus schon durch sein Opfer gesorgt. Wir arbeiten vielmehr, um zu hören: *»Recht so, du guter und treuer Knecht! Du bist über wenigem treu gewesen, ich will dich über vieles setzen; geh ein zur Freude deines Herrn!«* (Matthäus 25,23).

KAPITEL 13

Mit dem Gesicht zum Sonnenaufgang: Das Opfer unerfüllter Verheißungen

Der HERR wird es für mich vollbringen!
HERR, deine Gnade währt ewiglich;
das Werk deiner Hände wirst du nicht im Stich lassen!

PSALM 138,8

Es gibt ein letztes Opfer, das ich erwähnen möchte, bevor wir zu anderen Aspekten beim Hüten der Flamme kommen. Das elfte Kapitel des Hebräerbriefs ist der berühmte Abschnitt über die Macht des Glaubens.

Dieses Kapitel berichtet in großartigen Einzelheiten über Heilige, die im Glauben ausharrten und überwanden. Name für Name werden diese Glaubenshelden aufgezählt und die Einzelheiten ihrer Siege beschrieben. Der Schreiber des Hebräerbriefs fasst alle diese Berichte mit folgenden Worten zusammen:

> *Diese alle sind im Glauben gestorben, ohne das Verheißene empfangen zu haben, sondern sie haben es nur von ferne gesehen und waren davon überzeugt, und haben es willkommen geheißen und bekannt, daß sie Gäste ohne Bürgerrecht und Fremdlinge sind auf Erden; denn die solches sagen, geben damit zu erkennen, daß sie ein Vaterland suchen. Und hätten sie dabei jenes im Sinn gehabt, von dem sie ausgegangen waren, so hätten sie ja Gelegenheit gehabt,*

> *zurückzukehren; nun aber trachten sie nach einem besseren, nämlich einem himmlischen. Darum schämt sich Gott ihrer nicht, ihr Gott genannt zu werden; denn er hat ihnen eine Stadt bereitet* (Hebräer 11,13-16).

Was bedeutet das? Sie lebten immer noch im Glauben, als sie starben! Am Ende waren sie stark. Noch einmal muss ich uns ermutigen, die Bibel nicht so zu sehen, wie wir sie idealisiert haben, sondern sie in ihrer ganzen ungeschminkten Schönheit wahrzunehmen.

WIE VIELE DIESER GLAUBENSHELDEN HABEN NIE DIE VOLLE ERFÜLLUNG DES TRAUMS, DER VISION ODER DER VERHEISSUNG ERLEBT, DIE GOTT IN IHR HERZ GEPFLANZT HATTE?

Wie viele dieser Glaubenshelden haben nie die volle Erfüllung des Traums, der Vision oder der Verheißung erlebt, die Gott in ihr Herz gepflanzt hatte?

Wie viele von ihnen sahen das Unsichtbare nur im Glauben, ohne je in Zeit und Raum den sichtbaren Ausdruck dessen zu erleben, was Gott ihnen versprochen hatte?

Sind wir als *Hüter der Flamme* bereit, den Altar zu bauen und die Opfer zu bringen, ohne in unserem Leben all das zu sehen, was wir erhofft und geglaubt haben?

Denken Sie über folgende Beispiele nach:

- **Abraham** erhielt die Verheißung einer großen Nation, die aus Isaak hervorgehen würde, doch als Abraham starb, hatte er nur ein »Samenkorn« dieser Verheißung gesehen - seinen Sohn Isaak!
- **Mose** leitete das Volk Gottes treu in ihre Befreiung und in den Sieg; er brachte sie ständig dem verheißenen Land näher, konnte aber am Ende nicht selbst hineinkommen.
- **David** sah den Tempel, das Haus Gottes, in seinem Geist und sehnte sich danach, für den Herrn, den er liebte, eine Wohnstätte zu bauen. Aber der Herr sagte nein. Gott sagte, dass nicht David, sondern Salomo den Tempel bauen würde. David konnte ihn nur in seinem Geist sehen.

- **Die Propheten** sprachen während ihres Exils über die Zeit, wenn Israel wieder in die Heimat zurückkehren würde, starben aber - viele als Märtyrer -, ohne je die Erfüllung ihrer Worte zu erleben.
- **Simeon** wartete sein ganzes Leben darauf, den »Trost Israels« zu sehen, und hielt das Kind in seinen Armen. Doch nie hörte er Jesus lehren oder sah, wie er die Kranken heilte und die Toten auferweckte. Simeon sah nur den »Samen«.
- **Jesus** selbst. Wie konnte er so leiden, wie er es tat, und ausharren? Die Bibel sagt, dass *»Jesus ... um der vor ihm liegenden Freude willen das Kreuz erduldete und dabei die Schande für nichts achtete«* (Hebräer 12,2). Jesus blickte mit seinen Augen - den wahren Augen seines Herzens - nicht auf zeitliche Umstände, sondern auf eine ewige Wirklichkeit. Er sah die Freude, die kommen würde, die Erfüllung des Wortes seines Vaters, und hatte deshalb den Glauben, das Kreuz zu erdulden.

Geliebte Mitchristen, die Bibel ist zwar einfach, aber nicht simpel. Sie bietet weder schnelle, oberflächliche Lösungen noch einfache Antworten. Aber sie hat echte Antworten zu bieten.

GELIEBTE MITCHRISTEN, DIE BIBEL IST ZWAR EINFACH, ABER NICHT SIMPEL. SIE BIETET WEDER SCHNELLE, OBERFLÄCHLICHE LÖSUNGEN NOCH EINFACHE ANTWORTEN. ABER SIE HAT ECHTE ANTWORTEN ZU BIETEN.

Wie konnten diese Menschen all das ertragen, was sie durchmachten, und dennoch *im Glauben sterben*?

Die Realität des Unsichtbaren

> *Darum lassen wir uns nicht entmutigen; sondern wenn auch unser äußerer Mensch zugrundegeht, so wird doch der innere Tag für Tag erneuert. Denn unsere Bedrängnis, die schnell vorübergehend und leicht ist, verschafft uns eine ewige und über alle Maßen gewichtige Herrlichkeit, da wir nicht auf das Sichtbare sehen, sondern auf das Unsichtbare; denn was sichtbar ist, das ist zeitlich; was aber unsichtbar ist, das ist ewig* (2. Korinther 4,16-18).

Für die Glaubenshelden und für uns als *Hüter der Flamme* muss eine geistliche Sicht *Wirklichkeit* werden. Sicher haben Sie schon optische Täuschungen gesehen. Was man zu sehen glaubt, ist in Wirklichkeit gar nicht da. Man muss aus einer anderen Perspektive und mit einem neuen Verständnis wahrnehmen, wenn man sehen will, was wirklich da ist. Das Sichtbare ist Illusion; das Unsichtbare ist real.

Wenn die Glaubenshelden im Geist etwas gesehen hatten und wenn es geprüft und durch Gott und sein Wort bestätigt worden war, wussten sie, dass es real war. Sie sahen es. Sie glaubten es. Es spielte für sie keine Rolle, wann oder sogar *ob* es sich zu ihren eigenen Lebzeiten im Bereich des Natürlichen manifestierte.

Gottes Wort lädt uns ein, jede unerfüllte Verheißung als »Lobopfer« hinzugeben und nicht aus einem weinerlichen Gefühl des Verlustes über die scheinbar nicht erfüllte Verheißung aufzugeben. Er lädt uns ein, unsere Augen zu den Bergen zu erheben, zum Berg des Glaubens, und mit den Augen unseres Herzens die Realität seines Plans wahrzunehmen, der jenseits menschlicher Zeit wirksam wird. Gott lädt uns ein, im Glauben zu handeln und zu sehen, dass sein Wort von Generation zu Generation erfüllt wird.

Können wir einen Glaubensschritt gehen?

Wagen wir zu glauben, was immer Gott uns zeigt, wenn wir ihm unser Lob-Opfer geben?

Sind wir bereit, uns den alten *Hütern der Flamme* anzuschließen, indem wir im Glauben handeln? Bedenken Sie, was nach der Aufzählung all dieser Glaubenshelden in Hebräer 12,1 abschließend gesagt wird: *»Da wir nun eine solche Wolke von Zeugen um uns haben ...«* Stellen Sie sich das vor. Wir sind von den alten Helden des Glaubens umgeben, während wir im Glauben leben und das Unsichtbare sehen. Was bedeutet das?

Ich glaube von ganzem Herzen, dass Abraham heute seine Nachkommen sieht, die so zahlreich sind wie die Sterne und der Sand am Meer. Abraham ist Teil dieser Wolke von Zeugen, die uns umgibt.

Ich glaube, dass Mose auch jetzt im Verheißenen Land umhergeht und sich am Duft von Milch und Honig erfreut. Mose befindet sich in dieser Wolke von Zeugen, die uns umgibt.

Ich glaube, dass David gegenwärtig war, als die Wolke der Herrlichkeit Gottes den Tempel füllte, nachdem sein Sohn Salomo ihn dem Herrn geweiht hatte. Und ich glaube, dass er auch heute über dem Tempelberg steht und darauf wartet, dass der Tempel wiederhergestellt wird. David schließt sich uns in dieser Wolke von Zeugen an.

Und wir wissen, dass unser Hoher Priester Jesus in diesem Moment *»für immer lebt, um für [uns] einzutreten«* (Hebräer 7,25). Er bereitet den Hochzeitssaal vor und sieht voller Erwartung der nahenden Vollendung der Zeiten entgegen.

Der Weg des Glaubens

Lieber Freund, liebe Freundin, Sie sind kein physisches Wesen, das gelegentlich spirituelle Erfahrungen macht. Sie sind ein geistliches Wesen, das vorübergehend physische Erfahrungen macht. Sieh mit den Augen des Glaubens, wie Gottes Absichten sich durch die Fürbitte deines Lebens verwirklichen. Die Absicht, die er zur Ausführung brachte, ging weit darüber hinaus, dass Abraham viele Nachkommen hatte oder David einen physischen Tempel baute oder Simeon den Messias sah. Er sorgt, durch physische Umstände, für eine weit tiefere und beständigere Verwirklichung seines Reiches.

SIEH MIT DEN AUGEN DES GLAUBENS, WIE GOTTES ABSICHTEN SICH DURCH DIE FÜRBITTE DEINES LEBENS VERWIRKLICHEN.

Gott versöhnt die Welt mit sich selbst (2. Korinther 5,19) und vereint alle Dinge in dem Messias. Er macht alle seine Feinde zu seinem Fußschemel (1. Korinther 15) und bringt Licht und Heilung für die Völker. Gott bringt einen neuen Himmel und eine neue Erde zur Geburt (Offenbarung 21).

Bei Ihren Anfechtungen und Schwierigkeiten geht es nicht um Sie. Es geht dabei um Gottes Plan und Absicht, die durch Sie verwirklicht werden. Ringen Sie gegen Ihre Zweifel und leben

Sie in dem Glauben an jene unmöglich scheinenden Träume, Visionen, Absichten und Pläne, die Gott in Sie hineingelegt hat.

Danach sollten Sie suchen.

Das sollten Sie verstehen.

Darauf sollten Sie warten.

Das sollten Sie sehen.

Schließen Sie sich der ganzen Schöpfung an, die sich nach der Offenbarung der Herrlichkeit Gottes sehnt und auf sie wartet (Römer 8).

Verstehen Sie Ihre Anfechtungen nicht nur im Hinblick auf das natürliche, menschliche, vergängliche Element, das sie enthalten. Unsere leichten Bedrängnisse bewirken ein Gewicht der Herrlichkeit, indem das Unsichtbare sich durch unsere Gebete und gehorsamen Opfer in das Sichtbare hinein manifestiert.

Erkennen Sie, dass GOTT in Ihrer Situation am Werk ist und seine Absichten zur Erfüllung bringt.

Denken Sie daran, wie Hanna kämpfte, flehte und inständig betete und was die Folge war. Der Prophet Samuel wurde geboren und durch ihn wurde Davids Thron fest gegründet.

Und wer weiß, ob nicht aus Ihrer Unfruchtbarkeit und Verzweiflung ein Opfer des Bundes entstehen wird, das einen Propheten hervorbringt oder einen König salbt.

Hüten Sie die Flamme. Bringen Sie das Opfer. Sehen Sie im Glauben das Unsichtbare. Schauen Sie am Altar um sich; die große Wolke von Zeugen feuert Sie an.

Erinnern Sie sich daran, welche Opfer diese Zeugen brachten und wie sie es - falls sie noch einmal von vorn beginnen müssten - noch weitere hundert Male tun würden.

Denken Sie daran: Hinter der Wolke von Zeugen am Horizont ist die Sonne - und die Verheißung, dass nach der langen Nacht der Schmerzen und Tränen der Tag ganz gewiss anbrechen wird.

DAS FEUER

Ich bin gekommen, ein Feuer auf die Erde zu bringen,
und wie wünschte ich, es wäre schon entzündet!

Lukas 12,49

Von Moses Begegnung mit Gott in der Flamme des brennenden Dornbuschs bis zu den sieben ewigen Flammen, die um den Thron Gottes lodern, war Feuer immer ein elementarer Bestandteil der Geschichte Gottes und des Menschen. Feuer ist etwas, ohne das der Mensch nicht leben kann. Es birgt aber auch große Gefahren für uns. Dies ist ein perfektes Bild Gottes, der unser »verzehrendes Feuer« ist. Wir können ohne ihn nicht wirklich leben und doch sollten wir - wenn wir ihn in unserem Leben haben - nicht meinen, wir könnten ihn uns gefügig machen oder unterdrücken.

Das Feuer *damals*

Als letztem *Element* in unserer Betrachtung wenden wir uns nun dem Feuer zu. Das Feuer kam erst in dem Moment herab, nachdem alles andere an Ort und Stelle war, um das Opfer zu verzehren. Ohne dieses Verzehren als Zeichen der Annahme wäre das Opfer kein wirkliches Opfer gewesen und die Israeliten hätten sich nicht von der Götzenverehrung ihrer Nachbarvölker unterschieden. Die Israeliten wurden angewiesen, das Feuer nie verlöschen zu lassen. Die Flamme am Brennen zu halten war die Priorität, die ihre gesamte Kultur prägte und die definierte, was es bedeutete, ein Jude zu sein.

Gott gebot: *»Ein beständiges Feuer soll auf dem Altar in Brand gehalten werden; es soll nie erlöschen!«* (3. Mose 6,6).

Das ständige Feuer

Was für eine interessante Forderung Gott an Israel stellte! Er machte ihnen durch eine *dreimalige* Wiederholung unmissverständlich klar, dass das Feuer auf dem Altar Tag und Nacht brennen sollte. Offensichtlich wollte er jeden Irrtum vermeiden und keine Möglichkeit für irgendeine Unsicherheit über seine Worte lassen.

Und so erhielt Israel seinen nationalen Auftrag. Gott ließ Israel klar und ohne jeden Raum für Missverständnisse wissen, worauf es sich konzentrieren sollte: *Die Flamme soll in Brand gehalten werden.*

Denken Sie darüber nach, was damit alles verbunden war.

Es musste immer jemand anwesend sein, um das Feuer zu nähren, damit die Flamme nicht verlosch.

Jemand musste die Flamme hüten, wenn es stürmte oder regnete.

Jemand musste große Mengen Holz sammeln, damit immer genug Feuerholz vorhanden war.

Jemand musste das Feuer nachts hüten.

Diese Arbeit fiel den Priestern zu - eine ganze Gruppe des Volkes Israels übernahm die Aufgabe, das Opfer darzubringen und - was noch wichtiger war - *die Flamme am Brennen zu halten*. Und da es einen Priesterstamm gab, musste auch Vorsorge für ihn getroffen werden. Deshalb wurden Gesetze erlassen, wie die Priester versorgt werden sollten. Dreimal im Jahr wurden beim Feiern der Feste bestimmte Anteile der Opfer für die Priester beiseite gelegt.

Kurz gesagt: Das nationale Mandat, die Flamme am Brennen zu halten, *betraf auch die ganze Nation*. Es war ihre höchste Direktive - ihre absolute Priorität. Und die Umsetzung dieser Priorität wirkte sich auf jeden Bereich ihres Lebens aus.

Die Israeliten verstanden, dass die Flamme der Gegenwart Gottes in ihrer Mitte *das Einzige* war, was sie von allen Völkern der Welt unterschied. Diese Flamme gab ihnen nicht nur ein Unterscheidungsmerkmal, sondern auch Privilegien und Verantwortung. Es war Israels Priorität und prägte deshalb seine Kultur; denn was immer wir zur Priorität machen, wird letztlich die Kultur unseres Lebens prägen.

Es war Israels Priorität und prägte deshalb seine Kultur; denn was immer wir zur Priorität machen, wird letztlich die Kultur unseres Lebens prägen.

Interessant ist auch, dass die Flamme nie verlöschen durfte. Warum war das so? Warum konnte man nicht einfach für jedes Opfer ein neues Feuer entfachen?

Die Priorität des Feuers

Es ist, als wollte der Herr Israel zeigen, dass das Opfer selbst und der Akt der Opferung zwar wichtig, aber nicht von höchster Bedeutung waren. Wenn alle Anweisungen sich auf die Darbringung des Opfers bezogen hätten, wäre die Opferung die nationale Priorität gewesen und der Schwerpunkt hätte sich auf das verlagert, was Israel Gott darbrachte.

Aber der Schwerpunkt blieb klar die Flamme selbst, die für die Israeliten ein sehr starkes Symbol für die Gegenwart Gottes darstellte. Nachdem der Herr Mose in dem brennenden Busch erschienen war, wurde die Vorstellung von Gott als einer unaufhörlich brennenden Größe tief in ihrem Denken verwurzelt. Dieses mächtige Element des brennenden, beständigen, verzehrenden Feuers, das Tag und Nacht auf dem Altar gehütet wurde, war das, was Israel seine Identität gab.

Das Feuer *heute: Überlegungen für unsere Zeit*

Das Feuer repräsentiert die Gegenwart Gottes. Wenn wir mitten in unseren Gemeinden, mitten in unseren Programmen, mitten in unseren Liedern nicht die brennende Flamme der Gegenwart Gottes haben, haben wir gar nichts. Nur indem wir Gottes Gegenwart zur höchsten Priorität machen, können wir ein sinnerfülltes Leben führen, Opfer darbringen, die Wert haben, und das Königreich von Priestern werden, zu dem wir berufen sind.

> *»Ihr aber seid ein auserwähltes Geschlecht, ein königliches Priestertum, ein heiliges Volk, ein Volk des Eigentums, damit ihr die Tugenden dessen verkündet, der euch aus der Finsternis berufen hat zu seinem wunderbaren Licht«*
> (1. Petrus 2,9).

Die Flamme ist unsere Priorität

Ich würde sagen, dass unsere Priorität heute keine andere ist. Wir sind immer noch berufen, die Flamme der Gegenwart Gottes zu hüten. Seine Gegenwart - und nur seine Gegenwart - trennt und unterscheidet uns von anderen Gruppen oder Organisationen. Wenn wir seine Gegenwart nicht haben, haben wir gar nichts. Wir sind dann nur ein weiterer sozialer Klub, der gute Dinge tut, eine weitere Gruppe von Menschen, die sich organisieren.

Nur das Feuer seiner Gegenwart begründet unsere Identität, nicht unsere Altäre oder unsere Opfer. Und wenn wir die Flamme seiner Gegenwart nicht pflegen und zu unserer höchsten Priorität machen, werden wir wie alle anderen Nationen um uns herum.

WENN WIR SEINE GEGENWART NICHT HABEN, HABEN WIR GAR NICHTS. WIR SIND DANN NUR EIN WEITERER SOZIALER KLUB, DER GUTE DINGE TUT, EINE WEITERE GRUPPE VON MENSCHEN, DIE SICH ORGANISIEREN.

Gott hat immer inmitten des Volkes gewohnt. Es sollte uns nicht überraschen, dass er von den Priestern verlangte, die Flamme zu hüten. Er war immer darauf aus, mit den Menschen in Kontakt zu treten und inmitten ihrer Gemeinschaft zu wohnen. Er ist zutiefst Person, aber auch zutiefst Gemeinschaft. *»Herr, du bist unsere Zuflucht von Geschlecht zu Geschlecht!«* (Psalm 90,1). Er wohnt im Lobpreis seines Volkes.

Die Gottesdienste und Lehren unserer Gemeinden können sich nicht *nur* darauf beschränken, Menschen zu helfen, eine persönliche Beziehung mit Gott zu entwickeln, so wichtig dies auch ist. Wir müssen auch das Feuer Gottes in unseren Versammlungen willkommen heißen. Gott ist da und wartet darauf, erfahren zu werden - nicht nur durch den Einzelnen, sondern durch das Volk Gottes, das in Einheit zu ihm kommt und sein heiliges Feuer begrüßt.

Wenn wir von Pfingsten etwas lernen sollen, dann ist es die Tatsache, dass eine Beziehung mit dem Heiligen Geist nicht nur dem Einzelnen möglich ist, sondern dass wir *als Gemeinschaft* eingeladen sind, die Kraft des Heiligen Geistes zu erfahren.

Das fällt nicht leicht und es ist etwas, das wir - besonders als Leiter - zu meiden versuchen. Wenn Gott »in Erscheinung tritt« und sein Feuer freigesetzt wird, verläuft die daraus resultierende Erfahrung nicht unbedingt nett und ordentlich. Einige Leute weinen, andere zittern, manche fallen hin, einige lachen, andere prophezeien. Leider lassen sich viele, die am Rand des Feuers sitzen, von den Gefühlen des Augenblicks gefangen nehmen und beginnen, in einer Weise zu reagieren, die hohl und selbst fabriziert ist, auch wenn sie sehr demonstrativ wirkt. Die Folge kann sein, dass viele religiöse Menschen mit ihrem schubladenhaften Gottesbild sich verletzt fühlen.

Das Feuer Gottes, das in den gemeinsamen Versammlungen des Volkes Gottes freigesetzt und willkommen geheißen wird, lässt sich nicht so leicht kontrollieren. Es besteht eine feine Grenze zwischen dem, was echt ist, und dem, was nur vorgetäuscht wird. Das sollte uns nicht überraschen. Mose musste sich damit ebenso auseinandersetzen wie Petrus und Paulus.

Aus Sehnsucht nach dem Feuer Gottes machten sich die Israeliten ein goldenes Kalb. Sie verstanden nicht, wie sie in Gottes Gegenwart treten sollten. Simon, der Zauberer, wollte das Feuer ohne Gottes Gegenwart und Paulus musste die Korinther scharf zurechtweisen, weil sie die feurigen Gaben Gottes in ihren Versammlungen missbrauchten. Sogar in der Gegenwart Gottes selbst geraten Menschen in die Versuchung, die Gaben über den Geber, die Manifestation der Macht über die Quelle der Macht und die Erfahrung über die Gegenwart Gottes zu stellen.

Leider scheinen viele Leiter im Leib Christi die gemeinsamen Versammlungen nur auf die Lehre guter Prinzipien, auf das Erreichen der Verlorenen oder auf gute Familienprogramme zu konzentrieren. Diese Dinge sind zwar an sich nicht schlecht, *aber sie bilden nicht die nationale Priorität des Reiches Gottes!* Die verborgenen Bereiche des Widerstands in unseren Seelen bleiben dabei unangetastet, aber das ist nicht das, wozu wir in erster Linie berufen sind. Die gemeinsame und nationale Priorität, die wir als ein Volk haben, besteht darin, *Hüter der Flamme* zu sein und ein wohlgefälliges Opfer darzubringen. Das kann nur geschehen, wenn wir die Gegenwart Gottes - die Flamme des Herrn - persönlich und gemeinschaftlich empfangen und freisetzen.

Das wird Unordnung mit sich bringen.
Es wird nicht einfach sein.
Wenn es für Mose oder die Apostel nicht einfach war,
warum sollte es dann für uns einfach sein?

Aber wenn wir ein heiliges Volk und ein königliches Priestertum sein wollen, müssen wir verstehen, dass nicht alles, was wir in der Bibel hören, sich nur auf das Erlernen von Prinzipien und die Anwendung intellektuellen Wissens beschränkt, so wichtig und wesentlich diese Dinge auch sind. Alles, was wir in der Bibel sehen, sagt uns, dass Gott inmitten von Glauben wohnen möchte. Dies verlangt von uns den Mut, Gott kommen und in unserer Mitte *Gott sein* zu lassen.

WIR MÜSSEN UNTERSCHEIDEN, WELCHE DINGE ZU SEINER GEGENWART GEHÖREN, UND DARAN FESTHALTEN, WOBEI WIR GEDULD BEWEISEN UND EINANDER MIT LIEBE BEGEGNEN MÜSSEN.

Und fast immer wählt er den Weg, sich durch schwache, gefallene Menschen zu offenbaren. Wir müssen unterscheiden, welche Dinge zu seiner Gegenwart gehören, und daran festhalten, wobei wir Geduld beweisen und einander mit Liebe begegnen müssen.

Wir dürfen nie aufgeben, die Flamme zu bewahren -
selbst wenn ein Lauffeuer ausbricht,
selbst wenn unser Stolz und unsere geordneten Pläne verbrennen,
selbst wenn andere sich von der Flamme und damit auch von uns zurückziehen:

Hüter der Flamme
achten wachsam darauf,
dass die Flamme weiter brennt,
was immer auch geschehen mag!

Kapitel 14

Das Feuer der Furcht des Herrn

Darum, weil wir ein unerschütterliches Reich empfangen, laßt uns die Gnade festhalten, durch die wir Gott auf wohlgefällige Weise dienen können mit Scheu und Ehrfurcht! Denn unser Gott ist ein verzehrendes Feuer.

Hebräer 12,28-29

Ein Gott, der keine Furcht einflößt, ist überhaupt kein Gott.

Wir leben in einer Zeit, in der wir Gott auf den kleinsten gemeinsamen Nenner zu reduzieren scheinen und ihn so klein machen, als wäre er nur eine grußkartenartige Gefühlsduselei. Im allgemeinen kulturellen Verständnis wurde Gott inzwischen zum Synonym für gute Gefühle und markige Sprüche wie: »Vergib dir selbst« und: »Wie kannst du andere lieben, wenn du nicht zuerst dich selbst liebst?« Eine Volkstheologie setzt »sich gut fühlen« mit »Gott fühlen« gleich.

Hüter der Flamme bauen den Altar, bringen das Opfer und bewahren das Feuer. Das Feuer wird nicht einfach von der Leidenschaft des Gläubigen gespeist. Das Feuer kommt vom Thron und der Person Gottes selbst (Daniel 7,9; Hebräer 12,29).

Der Gott der Bibel erweist sich nicht als Gott der populären Kultur.

Er ist:

Groß

Furcht erweckend

Ehrfurcht gebietend

Allmächtig

Anspruchsvoll

Beharrlich

Leidenschaftlich

Überwältigend

Der Löwe aus dem Stamm Juda.

Er reitet auf dem Wind und spricht im Donner und schreibt mit dem Blitz. Er tötet die Erstgeborenen in ganz Ägypten, verlangt das Niedermetzeln der Amalekiter und verwandelt einen König für sieben Jahre in einen Wahnsinnigen.

Tatsächlich, so wird uns gesagt, besteht der weiseste Ansatz im Leben darin, den Herrn zu fürchten. Hier ist nur eine kleine Auswahl an biblischen Ermahnungen zur Furcht des Herrn:

> Psalm 111,10: *»Die Furcht des HERRN ist der Anfang der Weisheit; sie macht alle einsichtig, die sie befolgen. Sein Ruhm bleibt ewiglich bestehen.«*
>
> Sprüche 1,7: *»Die Furcht des HERRN ist der Anfang der Erkenntnis; nur Toren verachten Weisheit und Zucht!«*
>
> Sprüche 2,5: *». . . dann wirst du die Furcht des HERRN verstehen und die Erkenntnis Gottes erlangen.«*
>
> Sprüche 9,10: *»Die Furcht des HERRN ist der Anfang der Weisheit, und die Erkenntnis des Heiligen ist Einsicht.«*
>
> Sprüche 15,33: *»Die Furcht des HERRN ist die Schule der Weisheit, und der Ehre geht Demut voraus.«*
>
> Sprüche 19,23: *»Die Furcht des HERRN dient zum Leben; wer daran reich ist, der wird über Nacht von keinem Unglück heimgesucht.«*

Sprüche 22,4: »*Der Lohn der Demut und der Furcht des HERRN ist Reichtum, Ehre und Leben.*«

Jesaja 33,6: »*Und du wirst sichere Zeiten haben, eine Fülle von Heil, Weisheit und Erkenntnis; die Furcht des HERRN, die wird Zions Schatz sein.*«

2. Korinther 7,1: »*Weil wir nun diese Verheißungen haben, Geliebte, so wollen wir uns reinigen von aller Befleckung des Fleisches und des Geistes zur Vollendung der Heiligkeit in Gottesfurcht!*«

Epheser 5,21: »*... ordnet euch einander unter in der Furcht Gottes!*«

In der amerikanischen christlichen Kirche wurden wir gelehrt zu glauben, dass alle diese Eigenschaften Gottes, die im Alten Testament so offensichtlich sind, heute in unserem »Zeitalter der Gnade« irgendwie verschwunden sind.

Wir lassen uns zu der irrigen Annahme verleiten, dass Gottes strenge Gerechtigkeit für alle anderen außer uns selbst gilt. Vielleicht entdecken wir sogar bei uns selbst eine so fehlgeleitete Sicht wie diese:

»In seiner Offenbarung im Alten Testament zeigte Gott offenbar sein gewaltsames Eingreifen und seinen Zorn und er hat die Absicht, seinen Zorn gegen den Planeten am Ende der Zeit - in den letzten Tagen - die immer näher rücken, zu offenbaren, dann wird er wieder alle Arten von Plagen und Seuchen und andere drastische Unannehmlichkeiten auf die Erde werfen. Doch im Augenblick ist es uns, der amerikanischen christlichen Kirche, gelungen, in dieser Zwischenzeit der Gnade zu leben und vor all dem verschont zu bleiben, was früher war und später kommen wird.«

Interessant, nicht wahr? Wie bequem für uns.

Natürlich gibt es etwas viel Erschreckenderes als das Missfallen Gottes. Es gibt etwas, das uns viel mehr beunruhigen, ängstigen und niederschlagen sollte als seine Zurechtweisung. Wissen wir, was das ist?

Seine Abwesenheit

Gott ist natürlich allgegenwärtig. Die ganze Schöpfung wird durch sein Wort aufrechterhalten und bewahrt. Gottes Abwesenheit meint das Zurückziehen seiner Gunst und Reaktion. In seiner Abwesenheit erleben wir eine Wüste des Schweigens und der Verzweiflung. Wenn er sein Angesicht verbirgt, sehnen wir uns nach seiner Berührung. Wir rufen mit dem Psalmisten:

> *Verbirg dein Angesicht nicht vor mir;*
> *weise deinen Knecht nicht ab im Zorn!*
> *Meine Hilfe bist du geworden;*
> *verwirf mich nicht und verlaß mich nicht,*
> *du Gott meines Heils!*
> (Psalm 27,9).
>
> *Bleibe nicht ruhig, o Gott,*
> *schweige nicht und sei nicht still, o Gott!*
> (Psalm 83,2).

Vielleicht empfinden wir, dass Gott schweigt, wenn er uns erzieht. Wenn Gott uns zurechtbringt, beschäftigt er sich wenigstens mit uns!

Denn das endgültige Ziel all seines Handelns ist immer unser Wohl, unser Gedeihen und unser völliger Segen. Wie alle guten Eltern wendet er seine erzieherischen Maßnahmen an, wenn wir nicht unser ganzes Potential entfalten und deshalb auf Fehlschläge und Enttäuschungen zusteuern.

Etwas Schreckliches geschieht, wenn Gott sich von uns entfernt. Wenn er einfach weggeht und auf die Türpfosten einer Person, Familie oder Gruppe »Ikabod« (vgl. 1. Sam. 4,21) schreibt, welche Hoffnung gibt es dann?

Ist es möglich, dass er weggeht, ohne dass wir es wissen?

Ist es möglich, dass er seine Gegenwart von seinem Volk zurückzieht und dass sein Volk fortfährt, ein Rollenspiel der Anbetung und Beziehung zu spielen?

Wie lange muss Gott sich zurückziehen, bis wir von Furcht ergriffen werden?

Wenn Gott sich zurückzieht

In 1. Samuel 2 lesen wir die tragische Geschichte über die Söhne des Hohen Priesters Eli. Das religiöse System war damals in vollem Schwung. Die Menschen brachten regelmäßig ihre Opfer zu den Priestern, um sie dem Herrn in der vorgeschriebenen Weise darzubringen, aber die Priester gingen nicht korrekt mit den Opfern um. Die Söhne des Hohen Priesters nutzten die Leute aus und missbrauchten ihre Position zum eigenen Vorteil, statt zu erkennen, dass sie als berufene Diener Gottes genau das sein sollten - Diener.

Offenbar hatte Gott - als Reaktion auf die anhaltende Sünde - seine Gegenwart (vielleicht am häufigsten erkennbar an seiner Stimme) zurückgezogen. In 1. Samuel 3,1 wird berichtet: *»Zu jener Zeit war das Wort des HERRN selten; es brach sich keine Offenbarung Bahn.«* Kann es irgendeinen Zweifel geben, dass die Seltenheit des Wortes Gottes eine unmittelbare Reaktion darauf war, dass die Israeliten ständig eine tote Religion ohne aufrichtige Buße praktizierten?

Der Herr hat nicht nur an den jungen, unverfrorenen und sündigen Priestern Hophni und Pinehas etwas auszusetzen, sondern auch an ihrem Vater Eli. Warum? Eli nahm die Sünde seiner Söhne zwar nicht stillschweigend hin und ermahnte sie sogar, aufzuhören, *aber er duldete das System, das sie propagierten, weil es ihm Zuwachs und Sicherheit bot.*

»Und du ehrst deine Söhne mehr als mich, so daß ihr euch mästet von den Erstlingen aller Speisopfer meines Volkes Israel!« (1. Samuel 2,29b). Eli wollte zwar, dass seine Söhne sich änderten, genoss aber dennoch die Früchte ihrer Sünde.

Die Priesterfamilie Elis verließ sich auf zwei Dinge, die dazu führten, dass sie selbstgefällig wurden und die Furcht des Herrn verloren. Erstens waren viele prophetische Verheißungen über den Priesterdienst ihrer Familie vor dem Herrn ausgesprochen worden (1. Samuel 2,30). Zweitens verließen sie sich auf ihren Titel. Schließlich waren sie Priester des Herrn! Ihre Position wurde vom Volk respektiert, obwohl allgemein der Eindruck herrschte, dass irgendetwas in dem religiösen System nicht in Ordnung war.

Wie oft verlassen wir uns darauf, dass frühere Verheißungen und unsere hohen religiösen Positionen uns vor dem Zorn des Herrn beschützen!

Wie leicht verdrängen wir die Stimme, die uns zur Heiligkeit und zu unliebsamen Entscheidungen auffordert!

Ich habe oft den berühmten Spruch gehört und selbst gepredigt: »Gottes Plan für die Welt ist die Gemeinde. Er hat keinen Plan B. Er wird uns gebrauchen und durch sein Volk, die Gemeinde, sein Reich bauen.«

Ich verstehe, welche Ansicht sich darin ausdrückt, aber wäre es nicht möglich, dass dies zu einer stolzen, unbewussten, falschen Sicherheit geführt hat?

Jesus sagte: »... *auf diesen Felsen will ich meine Gemeinde bauen, und die Pforten des Totenreiches sollen sie nicht überwältigen*« (Matthäus 16,18b), aber denken wir daran, dass es *seine* Gemeinde ist, die er baut, und nicht unsere? Meinen wir denn wirklich, dass Gott verpflichtet wäre, unser Handeln zu bestätigen, nur weil wir das Wort »Jesus« oder »christlich« oder »evangelikal« oder »geisterfüllt« im Briefkopf führen?

Jesus sagte zu den Pharisäern: *»Denn ich sage euch: Gott vermag dem Abraham aus diesen Steinen Kinder zu erwecken!«* (Matthäus 3,9).

Genauso müssen wir heute verstehen, dass wir keinen garantierten Anspruch auf eine Teilhabe am Plan Gottes und auf seine Gegenwart haben, weil wir vor fünfzehn Jahren irgendein Gebet gesprochen haben oder uns Christen nennen.

Gott kann schon morgen eine ganz neue Generation von Gläubigen erwecken, die sein Haus nach seinem Willen leiten, wenn wir unsere Aufgaben nicht grundsätzlich in der Furcht des Herrn erfüllen. Wenn der ganze Ratschluss der Bibel eines zeigt, dann ist es die

GOTT KANN SCHON MORGEN EINE GANZ NEUE GENERATION VON GLÄUBIGEN ERWECKEN, DIE SEIN HAUS NACH SEINEM WILLEN LEITEN, WENN WIR UNSERE AUFGABEN NICHT GRUNDSÄTZLICH IN DER FURCHT DES HERRN ERFÜLLEN.

Tatsache, dass Gott nicht unseren religiösen Systemen verpflichtet ist. Er wird mit uns arbeiten, uns korrigieren, uns ermuntern, uns zu sich ziehen und uns erziehen. Aber wenn wir uns nicht hüten, wird er sich am Ende einfach von uns zurückziehen.

Mit der Zeit bleibt uns nur noch die äußere Hülle - die Traditionen, die Phrasen, die Aktivitäten, die Lieder und die Strukturen ... aber er lässt seine Stimme verstummen und zieht seine Gunst zurück.

Gott lässt uns allerdings nicht ohne einen Zeugen (Apostelgeschichte 14,17). Wie in den Tagen Elis wird Gott immer einen Überrest herausrufen.

Auch heute geht er in der Nacht umher und flüstert Samuel zu, dass er einen sucht, der auf seine Stimme hört und ihr gehorcht; einen, der ein *Hüter der Flamme* wird.

Hüter der Flamme treten in der Furcht des Herrn nahe an das Feuer des Altars heran. Diese Furcht motiviert sie zu Buße, Reinheit und Heiligkeit. Ohne diese Furcht treffen sie nur auf das Schweigen Gottes.

Treten Sie nahe an sein verzehrendes Feuer heran. Lassen Sie jede Unreinheit wegbrennen, damit nichts seine Stimme, sein Angesicht oder seine Gegenwart hindert.

KAPITEL 15

Das Feuer der überwältigenden Gegenwart

Als er aber hinzog, begab es sich, daß er sich Damaskus näherte; und plötzlich umstrahlte ihn ein Licht vom Himmel. Und er fiel auf die Erde und hörte eine Stimme, die zu ihm sprach: Saul! Saul! Warum verfolgst du mich?

APOSTELGESCHICHTE 9,3-4

Gott zu erfahren gleicht in mancher Hinsicht einer Achterbahnfahrt, nur dass es keine Sicherheitsbügel gibt.

Um wirklich mit Gott zu leben und seine Gegenwart zu entdecken, müssen wir uns auf die Herausforderung täglicher Überraschungen einlassen und von einem Augenblick zum anderen auf Veränderungen gefasst sein.

In Jesaja 43,18-21 erklärt Gott:

Gedenkt nicht mehr an das Frühere
und achtet nicht auf das Vergangene!
Siehe, ich wirke Neues,
jetzt sproßt es hervor;
solltet ihr es nicht wissen?
Ich will einen Weg in der Wüste bereiten
und Ströme in der Einöde.
Die Tiere des Feldes werden mich preisen,
die Schakale und Strauße,
weil ich Wasser gegeben habe in der Wüste

und Ströme in der Einöde,
um mein Volk zu tränken, mein auserwähltes,
das Volk, das ich mir gebildet habe,
damit sie meinen Ruhm verkündigen.

Das Wort »Neues« in diesem Abschnitt bedeutet »Veränderung«. Während Gott seinen Plan in unserem Leben zur Entfaltung bringt, erfahren wir ständig etwas von Gott und vom Leben, das uns nie zuvor begegnet ist. Die alten Dinge Gottes, die wir erfasst hatten, werden von tieferen, frischen und sich ändernden Paradigmen abgelöst. Wenn wir das Alte idealisieren, klammern wir Gott aus unserem Leben aus. Gott verweigert sich den Schubladen, in die wir ihn stecken möchten. J. B. Philipps drückte es in der Mahnung aus: »Dein Gott ist zu klein.«

IN DEM AUGENBLICK, IN DEM SIE IHN BEGRIFFEN, UMRISSEN UND SYSTEMATISIERT HABEN, IST ER NICHT MEHR GOTT.

Sie können Gott genauso wenig in Ihren Gedanken erfassen, wie Sie Öl in der Hand halten können. In dem Augenblick, in dem Sie ihn begriffen, umrissen und systematisiert haben, ist er nicht mehr Gott.

Ja, Sie haben sich in diesem Moment einen Götzen gemacht.

Sie wissen nicht, wie man eine Achterbahn baut. Sie können sie nicht erklären. Sie haben keine technische Zeichnung der Achterbahn neben ihrem Bett liegen, die Sie täglich zu Rat ziehen können.

Aber - wow! - Sie können eine Achterbahn ERLEBEN; Sie können sie ERFAHREN.

Erinnern Sie sich, wie Sie in gespannter Erwartung - noch gesteigert durch die Anwesenheit von Freunden - in der Schlange standen: Als Sie schließlich die Rampe erreichen, schauen Sie zu, wie die Gruppe vor ihnen einsteigt und sich anschallt, die Gesichter vor Aufregung strahlend, während hier und dort eine Mutter nervös dreinblickt und sich fragt, wie sie sich zu so etwas überreden lassen konnte. Die Gruppe vor Ihnen startet und Ihre stellt sich auf die Wartepositionen. Wenige Minuten später bläst Ihnen der Fahrtwind ins Gesicht, als die nächste Bahn einfährt.

Sie setzen sich auf Ihren Platz, lassen den Sicherheitsbügel einrasten und prüfen ein paar Mal, ob er auch wirklich geschlossen ist. Dann, schließlich, setzt sich die Bahn mit einem Ruck in Bewegung und verlässt ganz langsam die Rampe.

Soll ich fortfahren? Da ist diese unerträglich langsame Fahrt zum Fuß der ersten Steigung, dann der fantastische Anstieg zum höchsten Punkt. Sie werfen einen kurzen Seitenblick zu Ihrem Freund auf dem Nebensitz und spüren den Kloß in Ihrem Hals aufsteigen, während Sie den Gipfel erreichen. Ein letzter Ruck am Sicherheitsbügel signalisiert Ihrem Gehirn, dass der Adrenalinstoß unmittelbar bevorsteht. Und dann … haben Sie nur noch das Gefühl, dass der Boden unter Ihren Füßen verschwunden ist!

Diese Erfahrung muss man selbst machen, sie lässt sich nicht übertragen. Eine imaginäre Achterbahnfahrt ist mit einer echten nicht zu vergleichen. Genauso kann kein anderer an Ihrer Stelle Gott am Altar erfahren, Ihr Opfer darbringen und die Hitze der Flamme für Sie spüren. Sie müssen selbst dort sein, um das Feuer persönlich zu erfahren!

Dem Feuer selbst begegnen

Man sagt, Religion lässt sich definieren als Menschen ohne Erfahrung mit Gott, die anderen Menschen ohne Erfahrung mit Gott von all den Menschen erzählen, die Gott erfahren HABEN.

Wenn wir *Hüter der Flamme* sein wollen, müssen wir wissen, dass die Flamme gespürt werden muss. Gott muss erfahren werden. **Das Feuer Gottes lässt sich nicht aus sicherer Entfernung hüten, indem man theologische oder kulturelle Barrieren errichtet, die die Wohlfühlzone unserer religiösen Kultur abschirmen.**

Es gibt keinen Hinweis in der Bibel, der uns sagt, dass Gott weniger wäre als ein aggressiver Eroberer, der alles oder nichts verlangt, der heiß oder kalt will. Die Konfrontation mit seiner Flamme stellt uns vor eine Entscheidung: »*Entscheidet euch heute, wem ihr dienen wollt*« (Josua 24,15; Einheitsübersetzung).

Feuer entfacht in uns eine radikale Leidenschaft

Können wir wirklich behaupten, dass der Heilige Geist ein Gentleman ist? Er kam als brausender, mächtiger Wind und diejenigen, auf denen er ruhte, versetzten alle Städte und Dörfer in Aufruhr, in die sie kamen!

Nun höre ich schon den Einwand: »Ja, aber, Bruder Robert, wir brauchen das rechte Gleichgewicht. Entscheidend ist doch die Ausgewogenheit!«

Könnte IRGENDJEMAND mir in der Bibel IRGENDJEMANDEN zeigen, der AUSGEWOGEN war?

War Abraham AUSGEWOGEN, als er alles aufgab und einer Stimme in ein neues Land folgte?

War Gideon AUSGEWOGEN, als er die Kraft einer mächtigen Armee gegen einen Haufen ungeschulter Männer eintauschte?

War es eine AUSGEWOGENE Entscheidung von David, gegen Goliath zu kämpfen, oder von Sadrach, Mesach und Abednego, dem Befehl des Königs nicht zu gehorchen?

War Jael AUSGEWOGEN, als sie Sisera einen Zeltpflock in den Schädel schlug?

War Hesekiel AUSGEWOGEN, als er 390 Tage lang nackt auf einer Seite lag?

War JESUS AUSGEWOGEN, als er im Alter von zwölf Jahren seine Eltern aufbrechen ließ und im Tempel zurückblieb? Als er einen Zöllner - einen gesellschaftlich Verachteten - berief, sein Jünger zu sein? Als er am Brunnen mit der Prostituierten sprach? Als er über die Pharisäer schimpfte?

Als er bereitwillig, schweigend, an das Kreuz ging?

Mir scheint, dass wir das Wort *ausgewogen* allzu leicht dazu benutzen, Mittelmäßigkeit, Teilnahmslosigkeit und Lauheit zu rechtfertigen.

Die beste Art, wahre Ausgewogenheit zu erreichen, besteht vielleicht darin, in allen Richtungen gleichzeitig gleichermaßen radikal zu sein; sich nicht mit einem Leben nach begrenzten Prinzipien zu begnügen, sondern kontinuierlich nach der von Gott geschenkten Einsicht zu leben.

Wer bewies größere Liebe und Barmherzigkeit als Jesus? Doch wer konfrontierte die Menschen so direkt wie er? Er hatte Geduld mit seinen ständig versagenden Jüngern, schien aber dem reichen jungen Mann nur eine einzige Chance zu geben, die richtige Entscheidung zu treffen.

Paulus lässt an einem Punkt seines Dienstes zu, dass man ihn in einem Korb hinablässt, um sein Leben durch eine Flucht zu retten. Doch in einer anderen Situation ignoriert er die prophetische Warnung von Agabus, dass man ihn fesseln und töten wird, wenn er nach Rom geht: Selbstaufopferung.

Der entscheidende Punkt ist: Wenn wir Gott in eine Schublade gesteckt haben und nur nach Prinzipien leben, die wir aus unserer begrenzten Sicht entwickelt haben, kann es sein, dass wir unser Verhalten zwar (sogar biblisch) rechtfertigen, aber dennoch an dem vorbeigehen, was Gott für die jeweilige Situation am Herzen liegt.

Ein tägliches, leidenschaftliches Sehnen

Gott ist keine ferne Idee, um die Seele in einem grauen Einerlei einzulullen.

Haben wir Stumpfsinn mit Frieden verwechselt?

Könnte es sein, dass die geistliche Größe der biblischen Glaubensgiganten - Mose, David, Jesus, Paulus - nicht darin begründet war, dass sie sich nur darauf konzentrierten, Gott »gefunden« zu haben, sondern auch täglich von einem leidenschaftlichen Sehnen nach ihm getrieben waren?

Aus leidenschaftlicher Sehnsucht bat Mose darum, das Feuer zu sehen, obwohl es ihn verzehren konnte: *»So laß mich doch deine Herrlichkeit sehen!«* (2. Mose 33,18). Kein Mensch kann es überleben, Gott zu schauen. Das ist so wahr. Wir müssen uns selbst und unserer banalen Existenz sterben, um wahres Leben in Christus erfahren zu können. Das Alte wird vom Feuer verzehrt - das Neue wird mit dem Feuer des Lichtes Christi entzündet. Mose war unausgewogen, radikal und leidenschaftlich und sehnte sich innig nach Gott.

Aus leidenschaftlicher Sehnsucht rief David:

> *Eines erbitte ich von dem HERRN,*
> *nach diesem will ich trachten:*
> *daß ich bleiben darf im Haus des HERRN*
> *mein ganzes Leben lang,*
> *um die Lieblichkeit des HERRN zu schauen*
> *und [ihn] zu suchen in seinem Tempel* (Psalm 27,4).

David hätte Macht und Reichtümer erstreben können, aber er wählte Gottes Gegenwart. Nichts in Davids Leben lief richtig, wenn es nicht zuerst in Gottes Gegenwart geboren worden war. Ja, es schien unausgewogen, dass David gegen Bär, Löwe und Riese kämpfte. Es war unausgewogen, gegen die Philister vorzugehen. Aber David hatte eine übernatürliche Quelle der Kraft und des Muts gefunden, die über den gewöhnlichen Schauplatz des Alltags und der leeren Rituale hinausging. Indem er im Haus des Herrn die Schönheit und Gegenwart Gottes erlebte, wurde David unausgewogen, radikal und leidenschaftlich und sehnte sich innig nach Gott.

DAVID HATTE EINE ÜBERNATÜRLICHE QUELLE DER KRAFT UND DES MUTS GEFUNDEN, DIE ÜBER DEN GEWÖHNLICHEN SCHAUPLATZ DES ALLTAGS UND DER LEEREN RITUALE HINAUSGING.

Jesus bewies radikalen Gehorsam, indem er nur das tat, was der Vater ihm zeigte: »*Wahrlich, wahrlich, ich sage euch: Der Sohn kann nichts von sich selbst aus tun, sondern nur, was er den Vater tun sieht; denn was dieser tut, das tut gleicherweise auch der Sohn*« (Johannes 5,19). So war Jesus unausgewogen, radikal und leidenschaftlich und hatte innige Sehnsucht nach Gott.

Paulus sehnte sich danach, Jesus »*zu erkennen und die Kraft seiner Auferstehung und die Gemeinschaft seiner Leiden, indem ich seinem Tod gleichförmig werde*« (Philipper 3,10). Paulus besaß religiöses Ansehen und Macht, war gebildet und hatte einen hohen Status. Doch er gab alles auf und bezeichnete es als Dreck, um für Gott unausgewogen, radikal und leidenschaftlich zu werden und sich innig nach ihm zu sehnen.

Ich sage nicht, dass unsere Suche nach Gott sich auf das Streben nach übernatürlichen und mystischen Erfahrungen konzentrieren sollte. Die Erfahrung selbst hat weder einen eigenen Wert, noch die Fähigkeit, uns Erfüllung zu geben.

In einem sehr realen Sinn müssen wir verstehen, dass alles, was wir aus der Bibel und aus der Kirchengeschichte über die erfahrbare Gegenwart Gottes wissen, uns lehrt, dass seine Gegenwart nicht bequem ist.

Sei es der Aufschrei angesichts der Offenbarungen über die Hölle durch die Predigten von Jonathan Edwards oder das Zittern der Quäker oder die enorme Lautstärke und offen gezeigte Emotionalität von Graf Zinzendorf und der Herrnhuter Brüder oder das Lachen und Zittern in den heutigen Erweckungsbewegungen: Gottes erfahrbare Gegenwart ist für die menschliche Psyche ÜBERWÄLTIGEND. Wie immer unsere Reaktion aussieht - ob wir lachen, weinen, zittern, hinfallen oder absolut still werden: sicher ist, dass Gott ERFAHRBAR ist.

Wir sprechen über einen wunderbaren und Ehrfurcht gebietenden Gott

Wir vermitteln keine Offenbarungen aus zweiter Hand. Wir verkaufen kein in Flaschen abgefülltes Wasser. Was wir anbieten, ist LEBENDIGES WASSER aus dem Strom des Lebens Gottes, der von seinem Thron ausgeht. Und die Menschen dieser Generation dürsten sehnsüchtig nach dem Echten. Sie haben Hunger und Durst nach einer geistlichen Erfahrung mit Gott. Sie geben sich nicht mit einem seichten Gerede über Jesus zufrieden. Sie suchen nach dem greifbar Unbegreifbaren. Und wir müssen ihnen Jesus anbieten.

Damit befinden wir uns natürlich nicht auf sicherem Terrain. Hier geht es nicht adrett und strukturiert zu. Es passt nicht unbedingt in unser neunzigminütiges Zeitfenster am Sonntagmorgen, das dem gewohnheitsmäßigen Kirchgänger angenehm erscheint. Wie schon gesagt, hier gibt es keine Sicherheitsbügel. Es gibt keinen Umweg. Wir können die Notwendigkeit einer leidenschaftlichen Gotteserfahrung nicht wegdiskutieren oder hoffen, dass sie hinter den Kantaten der diesjährigen Osterzeit verblasst.

Auf der Suche nach Gottes Gegenwart kommt diese Generation zu uns mit Dämonen, die ausgetrieben werden müssen, mit tiefen Verletzungen, die Heilung erfordern, und mit Bindungen, die gelöst werden müssen, sodass ihnen Freiheit zugesprochen werden kann. Eine ganze Generation ist in schrecklichen Bindungen versklavt. Die Gesellschaft wird vor unseren Augen demontiert. Und wer hat Schuld daran? Washington? Das Schulwesen? Hollywood?

Nein. Entweder versumpft diese Generation in leblosem Materialismus und Zerstreuung oder - was noch schlimmer ist -, sie wendet sich den Götzen des New Age oder des Islams zu, weil *wir als Christen* ihnen nicht den Gott gezeigt haben, der ihr Blut zum Kochen und ihr Herz zum Singen bringt. Wir haben ihnen nur den kleinsten gemeinsamen Nenner des Christentums angeboten (der dem biblischen Bild des Wortes nicht einmal ähnelt), weil unser »Schubladengott« die größten Mengen anzieht und die größten Versammlungen bringt. Wir haben ihnen nicht den Gott gezeigt, der es wert ist, dass wir ihm Opfer bringen, kämpfen und ihn leidenschaftlich lieben.

ENTWEDER VERSUMPFT DIESE GENERATION IN LEBLOSEM MATERIALISMUS UND ZERSTREUUNG ODER - WAS NOCH SCHLIMMER IST -, SIE WENDET SICH DEN GÖTZEN DES NEW AGE ODER DES ISLAMS ZU, WEIL **WIR ALS CHRISTEN** IHNEN NICHT DEN GOTT GEZEIGT HABEN, DER IHR BLUT ZUM KOCHEN UND IHR HERZ ZUM SINGEN BRINGT.

Wenn wir dieser Generation authentische Spiritualität vermitteln und ihr ermöglichen wollen, Nachfolger Jesu zu sein, dann müssen wir ihr Jesus vermitteln in allem, was er ist. Wir müssen den Maßstab des *täglichen* Kreuzes, der *täglichen* Taufe, des *täglich* brausenden, mächtigen Windes und der *täglichen* Feuerzungen vermitteln. Wir müssen die Opfer so kostspielig machen wie die Schiffbrüche des Apostels Paulus, den zivilen Ungehorsam Daniels, die Wunder des Apostels Petrus und den todesverachtenden Mut Esthers.

Wir müssen wieder mit Gott ringen.

Kapitel 16

Das Feuer der Offenbarung

Ist mein Wort nicht wie ein Feuer, spricht der HERR,
und wie ein Hammer, der Felsen zerschmettert?

Jeremia 23,29

Eine alte jüdische Midrasch lautet ungefähr so: »War Abraham der Erste, den Gott berief, oder der Erste, der den Ruf hörte und befolgte?«

Der allgegenwärtige Gott offenbart sich ständig. Er spricht durch die Schöpfung, durch Träume, durch mächtige Taten in der Geschichte, durch Propheten, Visionen und auf viele andere Arten. Aber wer ist bereit zu hören? Wer wird gehorchen?

Der Herr hatte zu Abram gesagt:

> *»Geh hinaus aus deinem Land und aus deiner Verwandtschaft und aus dem Haus deines Vaters in das Land, das ich dir zeigen werde! Und ich will dich zu einem großen Volk machen und dich segnen und deinen Namen groß machen, und du sollst ein Segen sein.*
>
> *Ich will segnen, die dich segnen, und verfluchen, die dich verfluchen; und in dir sollen gesegnet werden alle Geschlechter auf der Erde!*
>
> *Da ging Abram, wie der HERR zu ihm gesagt hatte«* (1. Mose 12,1-4a).

Der Herr sprach. Inmitten der Berghöhen, mit ihren Opferstätten, die ihn einluden, falsche Götter anzubeten, und ohne die

Hilfe heiliger Schriften, Traditionen oder vorausgegangener religiöser Erfahrungen hörte Abram eine unbekannte Stimme unsichtbarer Herkunft, die ihn aufforderte, etwas Unfassbares, Unvorstellbares, Untraditionelles und radikal Neues zu tun. Eine Stimme, von der er glaubte, dass es die Stimme Gottes war, verlangte von ihm etwas, das er nie zuvor getan hatte, hinzugehen, wo er nie zuvor gewesen war, und eine Verheißung anzunehmen, deren Erfüllung er nie persönlich erfahren würde.

Und Sie?

Wie hätten Sie reagiert? Eine Stimme in der Nacht ruft Sie, einen Schritt in eine neue Zeit zu wagen, ohne sich auf einen früheren Bezugsrahmen des Verstehens stützen zu können. Würden Sie diesen Impuls nur für Ihre eigenen Gedanken halten, die Sie verleiten wollen, etwas Unvernünftiges zu tun?

An wen könnten Sie sich wenden, um eine Bestätigung oder Unterstützung zu bekommen? Sicher würde Ihre Familie nicht gern das Bequeme für das Unbequeme, das Vertraute für das Fremde und das Bekannte für das Unbekannte aufgeben wollen.

Alle Verwandten müssen entweder mitkommen oder zurückgelassen werden.

Alle bisherigen religiösen Vorstellungen, die auf Steine geschrieben und in die Gesichter von Götzen gemeißelt wurden, müssen verworfen und gegen etwas eingetauscht werden, das unsichtbar ist und sich mit dem Verstand nicht erfassen lässt.

Würden Sie gehorchen?

Würden Sie es wagen, eine so Ehrfurcht erweckende, mysteriöse, unkontrollierbare Flamme am Brennen zu halten?

»Der Herr sprach.« Und noch nachdrücklicher: »Der Herr befahl.«

Der Aufruf zu gehen erfolgte ohne Erklärung, nur auf Verheißung.

Der Aufruf, einer Stimme zu folgen und eine Flamme des Glaubens ständig in Brand zu halten, war nicht von sichtbaren Manifestationen, Zeichen und Wundern begleitet.

Niemand zitterte oder ruhte im Geist.

Niemand sang ein prophetisches Lied.

Niemand äußerte ein Wort der Erkenntnis, begleitet von zwei oder mehr bestätigenden Auslegungen.

Niemand außer Ihnen hörte die Stimme.

Niemand außer Ihnen würde für die Konsequenzen des Gehorsams oder des Ungehorsams verantwortlich sein.

Niemand außer Ihnen wurde aufgerufen, die Flamme zu hüten. Was wäre, wenn Sie Abram gewesen wären und eine solche Stimme gehört hätten? Hätten Sie den Preis gezahlt und das Opfer des Gehorsams gebracht?

Feurige Worte

Wir sind Gläubige. Wir sind Menschen mit dem realen Glauben, dass Gott existiert und heute aktiv auf der Erde handelt, um seine Absichten zu erfüllen. Wir haben jeden Grund zu glauben, dass der Gott der Bibel, der Gott, der zu Abram sprach, der Gott unserer Zeit ist und dass die Heilsgeschichte sich auch in unserer Generation immer noch erfüllt. Gott handelt noch immer, ruft noch immer, wirkt immer noch Wunder und redet eindeutig auch heute noch.

Vielleicht fragt jemand: »Redet Gott heute genauso zur Menschheit wie damals – so wie er zu den Patriarchen, Propheten, Priestern, Aposteln und Königen sprach?

> *Da sagte ich mir: »Ich will Ihn nicht mehr erwähnen*
> *und nicht mehr in seinem Namen reden!«*
> *Doch da brannte es in meinem Herzen,*
> *als wäre ein Feuer in meinen Gebeinen eingeschlossen,*
> *und ich wurde müde, es auszuhalten;*
> *ja, ich kann es nicht.*
> (Jeremia 20,9)

Ich glaube nicht, dass die eigentliche Frage lautet, ob Gott immer noch zu uns redet oder nicht. Die Frage, die wir uns stellen müssen, lautet: »Hören wir auf ihn?«

Und diese Frage zu stellen, bedeutet noch einiges mehr. Zu hören und nicht zu gehorchen bedeutet in Wirklichkeit, dass wir eigentlich gar nicht zuhören. Durch die Thora sagt Gott immer und immer wieder: »*Wenn du darauf achtest, der Stimme des Herrn zu gehorchen . . .*« (vergleiche 2. Mose 5,2; 23,21f.; 5. Mose 4,30; 13,5; 15,15; 27,10).

Hören wir auf ihn und gehorchen wir seiner Stimme?

Hören, gehorchen und verändert werden

Es gibt vielfältige Gründe, warum wir die Stimme Gottes nicht hören und befolgen wollen – Unwissenheit, Sünde, Zweifel, Kummer, Rebellion, Angst. Ich glaube, der Hauptgrund ist Angst.

Wenn Gott redet und Sie es annehmen und befolgen, wird sein feuriges Wort Sie schmelzen, formen und verändern. Ständig. Mit einem Gott zu leben, der regelmäßig zu Ihnen spricht, verlangt von Ihnen die Offenheit, täglich verändert zu werden. Und Menschen mögen grundsätzlich keine Veränderung.

Veränderung ist unbequem, unvorhersagbar und unkontrollierbar. Oft haben wir Angst vor Veränderungen.

Ich glaube nicht, dass die eigentliche Frage lautet, ob Gott immer noch zu uns redet oder nicht. Die Frage, die wir uns stellen müssen, lautet: »Hören wir auf ihn?«

Also ziehen wir Taubheit dem Wandel vor.
Wir bevorzugen Häuser statt Zelte.
Wir ziehen Reiseziele den Reisewegen vor.

Wenn die Stimme Gottes eines tut, dann ist es, dass sie *uns bewegt*. Von seinem Aufruf an Abram: »Steh auf und geh!« bis zu den Worten Jesu: »Geht in alle Welt!« scheint die wichtigste Folge des Wortes Gottes im Leben der Gläubigen Bewegung zu sein.

Wohl dem Menschen, dessen Stärke in dir liegt,
[wohl denen], in deren Herzen gebahnte Wege sind!
Wenn solche durch das Tal der Tränen gehen,
machen sie es zu lauter Quellen,
und der Frühregen bedeckt es mit Segen.
Sie schreiten von Kraft zu Kraft,
erscheinen vor Gott in Zion (Psalm 84,6-8).

Unser Herz für die Stimme Gottes zu öffnen heißt, unser Herz für Hoffnung zu öffnen. Reinhold Niebuhr bemerkte einmal: »Glaube ist eine Zitadelle der Hoffnung, die am Abgrund der Verzweiflung errichtet ist.« Und das ist beängstigend.

Hoffnung bewegt uns an den Rand unserer Kraft, da wir wissen, dass Gott in unserer Schwachheit stark ist.

Hoffnung bewegt uns vom Rand unseres Muts dazu, uns dem Bereich des Risikos und der Unvorhersehbarkeit zu stellen.

Hoffnung bewegt uns an den steilen Abhang des Sichtbaren und zwingt uns, statt aus eigener Zuversicht mit Gottes Hoffnung das Unsichtbare zu sehen, das Unfassbare zu hören und das Unmögliche zu tun, so dass wir auf einer neuen Ebene leben können.

Hoffnung bewegt uns an den steilen Abhang des Sichtbaren und zwingt uns, statt aus eigener Zuversicht mit Gottes Hoffnung das Unsichtbare zu sehen, das Unfassbare zu hören und das Unmögliche zu tun, so dass wir auf einer neuen Ebene leben können.

> *Es ist aber der Glaube eine feste Zuversicht auf das, was man hofft, eine Überzeugung von Tatsachen, die man nicht sieht. Durch diesen haben die Alten ein gutes Zeugnis erhalten. Durch Glauben verstehen wir, dass die Welten durch Gottes Wort bereitet worden sind, so dass die Dinge, die man sieht, nicht aus Sichtbarem entstanden sind* (Hebräer 11,1-3).

Zu hoffen bedeutet, im Blick darauf, wer Gott ist und was er gibt, alles zu riskieren, was wir sind und haben. Ein solches Risiko ist beängstigend und veranlasst die meisten Menschen, sich für ein Leben ohne Hoffnung zu entscheiden. Sie mögen zwar sagen, dass sie auf bestimmte Dinge hoffen, aber es ist keine tiefe, risikobereite Hoffnung.

Stattdessen verbringen sie ihr Leben damit, Mauern zum Selbstschutz aufzubauen. Das ist normalerweise der Selbstschutz des Zynismus, der mit der Erwartung lebt, dass die Dinge nicht gut gehen werden und dass die Welt sinnlos ist, sodass wir auf das Schlimmste gefasst sein müssen. Manchmal leben Menschen im Selbstschutz der Verdrängung, die sich darum bemüht, eine perfekte, befestigte kleine Welt aufzubauen und die Realität zu ignorieren, die außerhalb dieser Mauern lauert.

WIR MÜSSEN DIE REALITÄT DER WELT SO SEHEN, WIE SIE IST, ABER AUCH SO, WIE GOTT SIE HABEN WILL.

Mit einer von Gott gegebenen Hoffnung zu leben, verlangt dagegen großen Mut. Wir müssen die Realität der Welt so sehen, wie sie ist, aber auch so, wie Gott sie haben will. Wir müssen den Kampf zwischen diesen beiden Wirklichkeiten erkennen. Und dann müssen wir uns einmischen.

Die Flamme verzehrt Untätigkeit und entfacht Bewegung

Gott ermunterte die Israeliten unablässig, in das Land zu gehen, das er ihnen zeigen würde. Sind Sie bereit, sich in Bewegung zu setzen und die damit verbundene Verantwortung zu tragen?

Feurige Hoffnung verbrennt vergangene Lasten und Zwänge. Um vorwärts zu gehen, müssen wir unnötigen Ballast abwerfen, und dazu gehören negative, sarkastische und zynische Begleiter, die beim Fahren ständig in den Rückspiegel schauen. Gottes feurige Hoffnung verzehrt die Schuld, das Versagen und die Sünde der Vergangenheit. Gott verlangt: *»Gedenkt nicht mehr an das Frühere und achtet nicht auf das Vergangene!«* (Jesaja 43,18). Hoffnung veranlasst uns, die alten Weinschläuche im Austausch gegen die neuen wegzuwerfen!

Die Flamme der Hoffnung verlangt eine Reise. Es wird nicht unbedingt eine geografische Reise sein, aber die Hoffnung verlangt, dass wir in ein Leben aufbrechen, das ein langes Abenteuer ist. Es ist eine Reise der Veränderung, die uns von Glauben zu Glauben, von Hoffnung zu Hoffnung und von Herrlichkeit zu Herrlichkeit verwandelt. Eine Wahl, stehen zu bleiben oder umzukehren, gibt es nicht. Wir können nicht aufgeben; wir können nicht abbrechen!

Und oft ist die Realität, die wir um uns *sehen*, so radikal anders als das, was wir Gott sagen *hören*, dass wir versucht sind zu folgern, dass die Stimme Gottes in Wirklichkeit nur unserer eigenen Vorstellung entsprungen ist. Aber in Wünschen liegt keine Autorität und in unseren Gefühlen keine Forderung. Solche Dinge sind verhandelbar und lassen sich abstreiten. Also kehren wir in die graue Welt der Sicherheit zurück und beschließen, die Stimme zu ignorieren, weil seine Hoffnung einen zu hohen Preis hat - allzu schwarz-weiß ist.

Die Prüfungen der feurigen Offenbarung

Die Offenbarung prüft uns. Die Stimme Gottes prüft uns - als Einzelne und als Gemeinschaft.

Was hat Gott gesagt?

Woher wissen wir, dass er es war?

Hat er gesagt, wie und wann er handeln würde, oder nur, was er tun würde?

Was müssen wir tun, um zu gehorchen?

Diese Fragen türmen sich in dem Moment auf, in dem man mit der Realität des Offenbarungsfeuers konfrontiert wird, sie sind so problematisch, so verwirrend, so emotional fesselnd und so schwierig, dass viele von uns sich wieder in die Sicherheit des Glaubens an einen Gott zurückziehen, der seit 2.000 Jahren geschwiegen hat. Wir ziehen Prinzipien seiner Gegenwart vor. Wie den Kindern Israels ist es uns lieber, dass andere für uns Gott hören.

> *Und das ganze Volk nahm das Donnern und die Flammen wahr und den Schall der Schopharhörner und den rauchenden Berg. Als nun das Volk dies wahrnahm, zitterte es und stand von ferne, und es sprach zu Mose: Rede du mit uns, und wir wollen hören; aber Gott soll nicht mit uns reden, sonst müssen wir sterben! Mose aber sprach zum Volk: Fürchtet euch nicht, denn Gott ist gekommen, um euch zu prüfen, und damit die Furcht vor ihm euch vor Augen sei, damit ihr nicht sündigt! Und das Volk stand von ferne; Mose aber nahte sich zu dem Dunkel, in dem Gott war* (2. Mose 20,18-21).

Mose näherte sich der dichten Dunkelheit, in der Gott war. Wie interessant! Wir stellen uns Gott immer im Licht vor und doch sehen wir ihn hier in der Dunkelheit sprechen.

Als Einzelne, als Familien, als Gemeinden, als regionaler Leib Christi in dieser Zeit müssen wir anfangen zu hören und zu verstehen, was Gott gerade sagt. Wir müssen anfangen, uns auf die Realität der Stimme Gottes einzulassen. Wie schlecht wir auch darauf vorbereitet scheinen, zu hören und zu gehorchen, wir müssen es versuchen.

Welche Hoffnung gibt es ohne seine Stimme für die Erde oder für unser Leben? Hoffnung schafft in uns die zuversichtliche Erwartung, dass wir Gottes Stimme hören und durch seinen Geist die Kraft empfangen werden, jedem seiner Worte zu gehorchen. Der Psalmist singt über diese Tatsache:

> *Du bist mein Schirm und mein Schild;*
> *ich* ***hoffe*** *auf dein* ***Wort****.*
> *Weicht von mir, ihr Übeltäter,*
> *ich* ***will die Gebote meines Gottes befolgen****!*
> *Unterstütze mich nach deinem* ***Wort****, damit ich lebe*
> *und nicht zuschanden werde mit meiner* ***Hoffnung****!*
> (Psalm 119,114-116; Hervorhebung des Autors).

Seine Stimme …

schafft
führt
schützt
tröstet
leitet
bestätigt
ernennt
zerbricht
richtet auf.

Der Preis dafür, seine Stimme zu hören, ist, dass wir anfangen müssen, auf sein Wort zu hoffen. Und das ist, da wir im Kontext weltlicher Einflüsse und Versuchungen leben, weder leicht noch populär oder bequem. Aber das Wort des Herrn muss von unserer Generation wieder aufgegriffen werden, *damit wir nicht mit dem Fluch der Abwesenheit seines Wortes leben*. Es gibt ganze Generationen, die ohne seine Stimme lebten und alle negativen und zerstörerischen Auswirkungen erlebten, die man ertragen muss, wenn eine himmlische Vision wie in den Tagen Elis selten ist.

Wenn eine Offenbarung an uns ergeht, werden wir von ihr auf vielfältige Weise geprüft. Nachdem wir einen Edelstein der Offenbarung von Gott empfangen haben ...

Blähen wir uns auf?

Fühlen wir uns anderen überlegen, weil wir Gottes Stimme wahrgenommen haben?

Nehmen wir das Wort des Herrn so an, wie es ist, oder färben wir es mit unseren eigenen menschlichen Wünschen und Bedürfnissen?

DER PREIS DAFÜR, SEINE STIMME ZU HÖREN, IST, DASS WIR ANFANGEN MÜSSEN, AUF SEIN WORT ZU HOFFEN. UND DAS IST, DA WIR IM KONTEXT WELTLICHER EINFLÜSSE UND VERSUCHUNGEN LEBEN, WEDER LEICHT NOCH POPULÄR ODER BEQUEM. ABER DAS WORT DES HERRN MUSS VON UNSERER GENERATION WIEDER AUFGEGRIFFEN WERDEN, **DAMIT WIR NICHT MIT DEM FLUCH DER ABWESENHEIT SEINES WORTES LEBEN.**

Versuchen wir, das Wort zu manipulieren, um eigene verborgene Absichten zu verwirklichen?

Fühlen wir uns automatisch berechtigt, dieses Wort weiterzugeben, oder sind wir wie Maria bereit, die *diese Dinge einfach in ihrem Herzen bewegte*, nachdem sie das Wort des Herrn empfangen hatte?

Lassen wir den Gedanken zu, dass wir FEHLER gemacht haben? Können wir unsere Fehler offen eingestehen und öffentlich um Vergebung bitten?

Sind wir uns klar bewusst, dass wir nur »stückweise« erkennen und dass der Herr es so bestimmt hat, dass niemand das vollständige Bild sieht, auch wenn wir uns selbst für noch so reif im Herrn halten mögen?

Führt das Wort des Herrn bei uns zu einem richtenden oder zu einem barmherzigen Herzen?

Sind wir bereit zu warten, bis der Herr sein Wort ausführt, wie lange es auch dauern mag?

Gottes souveränes Timing

Ein Freund, der Pastor einer großen und erfolgreichen Gemeinde ist, erzählte mir folgende interessante Erfahrung mit der Stimme des Herrn.

Dreißig Jahre zuvor, als er die Bibelschule besuchte, hatte er einen sehr spezifischen Traum, in dem er sich vom Herrn geleitet fühlte, auf eine bestimmte Person zuzugehen. Gott zeigte ihm in diesem Traum, dass dieser Mann in einer großen Krise steckte. Er sollte ihm Kraft und Ermutigung geben und ihm durch einige ganz konkrete Maßnahmen helfen.

Er ging zu diesem Mann und erzählte ihm, was er als Führung Gottes empfand. Der Mann blickte ihn an, als wäre er verrückt, und sagte, er hätte keinen Bedarf an seiner Hilfe oder Beziehung. Mein Freund war verlegen und beschämt und zog den Schluss, dass er sich völlig geirrt hatte.

Achtundzwanzig Jahre später erhielt mein Freund einen Telefonanruf von genau diesem Mann. Er war in Schwierigkeiten und befand sich in Situationen, die exakt mit dem übereinstimmten, was mein Freund vor fast drei Jahrzehnten im Traum gesehen hatte. Dieser Mann dachte überhaupt nicht mehr an das Wort, er hatte vergessen, was der Herr durch meinen Freund vor achtundzwanzig Jahren zu ihm gesprochen hatte. Doch mein Freund erinnerte sich lebhaft daran und konnte ihm umsichtig, liebevoll und mitfühlend helfen; Gott gebrauchte ihn, um dieser bedrängten Seele in der großen Krise zu helfen.

Warum mussten erst achtundzwanzig Jahre vergehen? Warum musste mein Freund die peinliche Zurückweisung über sich ergehen lassen, als sein Hilfsangebot abgelehnt wurde?

Wir müssen nicht alle Wege verstehen, wie Gottes Stimme wirkt, um zu glauben, dass seine Stimme real ist und wir ihm vertrauen können. Es ist wichtig, Gottes Vorgehensweise zu folgen, wenn wir sein Wort hören und ihm gehorchen.

1. Das Wort kennen. Wir müssen die biblischen Prinzipien gründlich studieren, die uns lehren, die Stimme Gottes zu erkennen und zu befolgen.

2. In heiligen Beziehungen leben. Wir müssen Teil einer soliden, innigen Glaubensgemeinschaft sein, die uns helfen kann, den Prozess des Wortes Gottes in unserem Leben zu erkennen und zu verstehen. Wir lieben einander und nehmen gegenseitig Anteil und sagen einander die Wahrheit in Liebe, während wir gemeinsam im Glauben und im Gehorsam leben.

3. Demut pflegen. Wir müssen uns auf die sehr reale Möglichkeit einstellen, Fehler zu machen. Wir müssen die Demut haben zuzugeben, wenn wir im Irrtum sind. Indem wir offen und transparent sind, ist uns bewusst, dass wir unter Umständen von eigenen Wünschen, Gedanken oder einer verwirrenden Stimme beeinflusst sind, wenn wir meinen, Gottes Stimme zu hören. Wir müssen bereit sein, Dinge loszulassen und den ganzen Ratschluss Gottes aus der Autorität der Bibel zu hören und die geistliche Autorität des Pastors und der Gläubigen anzunehmen, die Gott in unser Leben stellt.

4. Im Glauben leben. Wir müssen weiter glauben und vertrauen, selbst wenn wir nicht verstehen oder sehen, wie die Fülle der Verheißung genau dann und genau so Wirklichkeit wird, wie wir es erwarteten. Wenn Gott es gesagt hat, dann geben Sie nicht auf … werfen Sie die Sache nicht hin … beten Sie weiter … seien Sie beharrlich und unerschütterlich … bleiben Sie standhaft.

Zeit lässt Glauben offenbar werden

Erinnern Sie sich an die Verheißung an Abram? *Und er [Gott] führte ihn hinaus und sprach: Sieh doch zum Himmel und zähle die Sterne, wenn du sie zählen kannst! Und er sprach zu ihm: So soll dein Same sein! Und Abram glaubte dem HERRN, und das rechnete Er ihm als Gerechtigkeit an* (1. Mose 15,5-6).

Abram - später in Abraham, das heißt »Vater der Völker«, umbenannt -, glaubte dem Wort des Herrn. Doch was hatte er am Ende seines Lebens im natürlichen Bereich vorzuweisen, um die Realität dieses Wortes zu bestätigen? Nur Isaak; nur einen Samen.

Vielleicht erwartete Abram, als er diese Verheissung zum ersten Mal hörte, eine andere, umfassendere, sichtbare Verwirklichung – einen anderen Zeitpunkt, eine grössere Zahl von Kindern. Aber am Ende sah er mit Augen des Glaubens, dass aus seinem Samen Isaak das volle Mass der Verheissung Gottes hervorgehen würde.

Vielleicht erwartete Abram, als er diese Verheißung zum ersten Mal hörte, eine andere, umfassendere, sichtbare Verwirklichung - einen anderen Zeitpunkt, eine größere Zahl von Kindern. Aber am Ende sah er mit Augen des Glaubens, dass aus seinem Samen Isaak das volle Maß der Verheißung Gottes hervorgehen würde.

Heute setzen Sie und ich die Erfüllung dieser Verheißung fort. Im Glauben sind wir Söhne und Töchter Abrahams. Der Same bringt immer noch Frucht.

Lebendig bleibt die Hoffnung auf der Erde durch jene tapferen Herzen, die *Hüter der Flamme*, die an Gottes Traum für diesen Planeten glauben - nicht auf eine vage, sentimentale Art, sondern ganz unmittelbar und persönlich.

Wir müssen zuhören.
Wir müssen glauben.
Wir müssen lieben und gehorchen.
Wir müssen hoffen.

Nun aber bleiben diese drei - Glaube, Hoffnung und Liebe. Sie sind es, die die Flamme der Offenbarung nähren.

Kapitel 17

Das Feuer des Ausharrens

Doch was ihr habt, das haltet fest, bis ich komme!
Und wer überwindet und meine Werke bis ans Ende bewahrt,
dem werde ich Vollmacht geben über die Heidenvölker,
und er wird sie mit einem eisernen Stab weiden,
wie man irdene Gefäße zerschlägt,
wie auch ich es von meinem Vater empfangen habe;
und ich werde ihm den Morgenstern geben.

Offenbarung 2,25-28

Da wir nun aus Glauben gerechtfertigt sind, so haben wir Frieden mit Gott durch unseren Herrn Jesus Christus, durch den wir im Glauben auch Zugang erlangt haben zu der Gnade, in der wir stehen, und wir rühmen uns der Hoffnung auf die Herrlichkeit Gottes. Aber nicht nur das, sondern wir rühmen uns auch in den Bedrängnissen, weil wir wissen, daß die Bedrängnis standhaftes Ausharren bewirkt, das standhafte Ausharren aber Bewährung, die Bewährung aber Hoffnung; die Hoffnung aber läßt nicht zuschanden werden; denn die Liebe Gottes ist ausgegossen in unsere Herzen durch den Heiligen Geist, der uns gegeben worden ist (Römer 5,1-5).

Ohne Ausharren verlöscht die Hoffnung. Durch Ausharren wird der Lauf bis zur Ziellinie vollendet, indem wir unseren Teil dazu beitragen, dass die Fülle der Verheißung freigesetzt wird. Um *Hüter der Flamme* zu sein und zu sehen, wie das wohlgefällige Opfer des Herrn in einer Weise erhöht wird, die Himmel und Erde bewegt, müssen wir bereit sein, Teil der Antwort Gottes und Teil seiner Lösung für die Nöte unserer Umgebung zu sein.

Wir müssen *»Täter des Wortes«* (Jakobus 1,22) werden, indem wir unseren Glauben mit aktivem Handeln verbinden. Wenn wir die große Kluft sehen zwischen der Welt, wie sie heute ist, und der Welt, wie sie nach Gottes Willen sein soll, kann uns das überwältigend erscheinen und wir fragen uns, ob unser Handeln überhaupt einen Unterschied macht. Das ist der Punkt, an dem wir einen *Glaubenssprung* wagen müssen. Dieser Glaubenssprung verlangt von uns das Vertrauen, dass scheinbar unbedeutende und manchmal sogar verborgene Taten des Gehorsams helle Lichtblitze sind, die - wenn auch noch so flüchtig - die Dunkelheit überwinden. In diesem Moment des Gehorsams und des verborgenen Sieges hat das Reich Gottes über die Finsternis triumphiert. Ein Glaube, der durch die Tat gesteigert und durch Ausharren lebendig erhalten wird, macht *wirklich* einen Unterschied.

DIESER GLAUBENSSPRUNG VERLANGT VON UNS DAS VERTRAUEN, DASS SCHEINBAR UNBEDEUTENDE UND MANCHMAL SOGAR VERBORGENE TATEN DES GEHORSAMS HELLE LICHTBLITZE SIND, DIE - WENN AUCH NOCH SO FLÜCHTIG - DIE DUNKELHEIT ÜBERWINDEN.

Ausharren bedeutet Überwinden

Wir müssen uns darin üben, nicht nur vorübergehende Siege zu erringen, sondern ein Leben des ständigen Ausharrens zu führen, indem wir einen *mutigen Glauben* praktizieren, aus dem ein Leben des *mutigen Gehorsams* entspringt. Das ist ein Lebensstil des *Überwindens*.

Die Flamme zu hüten ist keine Aufgabe für Leute, die ängstlich sind oder sich leicht entmutigen lassen.

Natürlich geraten wir oft in die Versuchung, aufzugeben. Es mag nahe liegend und vernünftig erscheinen, die Sache hinzuschmeißen. Aber wenn wir Gottes Verheißung aufgeben, werden wir die Vision verlieren und die Erfüllung seiner Vision und seines Traumes für die Welt nicht erleben.

Als Überwinder gehen *Hüter der Flamme* beharrlich voran und bezwingen Hindernisse. Ohne Hürden und Schwierigkeiten gibt es kein Überwinden. Überwindung ist das Kennzeichen derer, die bis zum Schluß standhaft bleiben.

Jesus nennt folgende Verheißungen für überwindende *Hüter der Flamme*:

> *Wer ein Ohr hat, der höre, was der Geist den Gemeinden sagt! Wer überwindet, dem will ich zu essen geben von dem Baum des Lebens, der in der Mitte des Paradieses Gottes ist* (Offenbarung 2,7).

> *Wer ein Ohr hat, der höre, was der Geist den Gemeinden sagt! Wer überwindet, dem wird kein Leid geschehen von dem zweiten Tod* (Offenbarung 2,11).

> *Wer ein Ohr hat, der höre, was der Geist den Gemeinden sagt! Wer überwindet, dem werde ich von dem verborgenen Manna zu essen geben; und ich werde ihm einen weißen Stein geben und auf dem Stein geschrieben einen neuen Namen, den niemand kennt außer dem, der ihn empfängt* (Offenbarung 2,17).

> *Und wer überwindet und meine Werke bis ans Ende bewahrt, dem werde ich Vollmacht geben über die Heidenvölker* (Offenbarung 2,26).

> *Wer überwindet, der wird mit weißen Kleidern bekleidet werden; und ich will seinen Namen nicht auslöschen aus dem Buch des Lebens, und ich werde seinen Namen bekennen vor meinem Vater und vor seinen Engeln* (Offenbarung 3,5).

> *Wer überwindet, den will ich zu einer Säule im Tempel meines Gottes machen, und er wird nie mehr hinausgehen; und ich will auf ihn den Namen meines Gottes*

> *schreiben und den Namen der Stadt meines Gottes, des neuen Jerusalem, das vom Himmel herabkommt von meinem Gott aus, und meinen neuen Namen*
> (Offenbarung 3,12).

> *Wer überwindet, dem will ich geben, mit mir auf meinem Thron zu sitzen, so wie auch ich überwunden habe und mich mit meinem Vater auf seinen Thron gesetzt habe*
> (Offenbarung 3,21).

Der Apostel Paulus bietet uns ein erstaunliches Beispiel für einen lang anhaltenden, ausharrenden, überwindenden Glauben. Paulus ist der Inbegriff eines apostolischen Lebensstils der Fürbitte, der notwendig ist, um wirklich das Reich Gottes zu etablieren.

Hier ist eine realistische, konkrete Beschreibung eines überwindenden Lebens:

> *Es scheint mir nämlich, daß Gott uns Apostel als die Letzten hingestellt hat, gleichsam zum Tod bestimmt; denn wir sind der Welt ein Schauspiel geworden, sowohl Engeln als auch Menschen. Wir sind Narren um des Christus willen, ihr aber seid klug in Christus; wir schwach, ihr aber stark; ihr in Ehren, wir aber verachtet. Bis zu dieser Stunde leiden wir Hunger und Durst und Blöße, werden geschlagen und haben keine Bleibe und arbeiten mühsam mit unseren eigenen Händen. Wenn wir geschmäht werden, segnen wir; wenn wir Verfolgung leiden, halten wir stand; wenn wir gelästert werden, spenden wir Trost; zum Kehricht der Welt sind wir geworden, zum Abschaum aller bis jetzt*
> (1. Korinther 4,9-13).

Und das überwindende Ausharren von Paulus richtete sich nicht gegen *äußere* Belastungen und Bedrängnisse, sondern gegen *innere* Kämpfe der Seele:

> *[Es] wurde mir ein Pfahl fürs Fleisch gegeben, ein Engel Satans, daß er mich mit Fäusten schlage, damit ich mich nicht überhebe. Seinetwegen habe ich dreimal den Herrn*

> *gebeten, daß er von mir ablassen soll. Und er hat zu mir gesagt: Laß dir an meiner Gnade genügen, denn meine Kraft wird in der Schwachheit vollkommen!*
> (2. Korinther 12,7-9a).

Wenn wir *Hüter der Flamme* werden wollen, wenn wir die verfallenen Altäre wieder aufbauen und wieder wohlgefällige Opfer darbringen wollen, die die Hand des Himmels bewegen, müssen wir zu einem Lebensstil heiliger Ausdauer und rechtschaffener Beharrlichkeit bereit sein. Wir können und dürfen nicht aufgeben - nicht unsere Familien, unsere Berufungen, unsere Gemeinden, unsere Generation, unsere Städte und unsere Nationen.

Es ist leicht, sich in eine »Weltuntergangs«-Mentalität zu flüchten, die sich mit dem Gedanken begnügt, dass die Dinge so sind, wie sie sind, weil wir in den letzten Tagen leben. Geliebte Mitchristen, vielleicht sind die Dinge in den Systemen der Welt schrecklich, weil wir in der Endzeit leben, aber das ist keine Entschuldigung für Lauheit oder Unordnung im Haus des Herrn!

Wir sind aufgefordert, ein Leben zu führen, das der Berufung des Herrn und seines Reiches würdig ist.

Wir sind aufgefordert, die Zeit zu nutzen, bis er kommt, und für die Welt eine Demonstration seiner Liebe zu sein.

Der bekannte Ausspruch: »An unserer Liebe werden sie erkennen, dass wir Christen sind« (vgl. Joh. 13,35) schärft uns ein, daran zu denken, dass es nicht unsere großen Gebäude, unsere beeindruckenden Chöre oder unsere moralisierenden Reden in den Medien sind, durch die wir die Welt zum Guten beeinflussen werden. Die Welt wird erkennen, dass wir Christen sind, wenn wir beharrlich um einen gemeinschaftlichen Lebensstil ringen, der dem Namen Christi Ehre macht.

Die Welt wird erkennen, dass wir Christen sind, wenn wir beharrlich um einen gemeinschaftlichen Lebensstil ringen, der dem Namen Christi Ehre macht.

Wollen wir die Welt verändern?

Wollen wir sein Reich kommen sehen?

Wie sehr wollen wir das? Was sind wir bereit zu opfern?

Und noch wichtiger: Sind wir bereit, einen überwindenden LEBENSSTIL des Opferns zu führen?

Dem Herrn geht es nicht darum, dass wir einige Krisen durchmachen, in denen wir Zerbruch und Aufgeben erfahren. Er sucht danach, dass wir ein Leben »auf dem Altar« leben, indem wir uns täglich für die Absichten des Reiches Gottes hingeben.

Ein Klang aus der Ferne

In meinem Geist sehe ich, wie sich in den Völkern eine Armee erhebt. Es ist eine Armee von Menschen, die ihrem Ansehen, ihren eigenen Plänen, dem Bewusstsein eigener Bedeutung gestorben sind. Sie finden ihr Leben in Gott. Ihre Nahrung besteht darin, den Willen dessen zu tun, der sie sendet.

Nichts kann sie stoppen; kein äußerer Druck und kein innerer Schmerz hält sie auf.

Ihre Augen blicken fest auf das Ziel.

Ihre Herzen sind gefestigt.

Ihre Bestimmung ist klar.

Ihre Waffen sind ausgewählt.

Sie werden nicht mit weltlicher Denkweise oder Vorstellungen kämpfen, sondern mit den uralten Waffen der Hingabe und des Glaubens. Sie wetteifern nicht mit der Welt, sondern *sie überwinden sie*. Sie leben und handeln im Geist, indem sie den Willen des Herrn erkennen und verstehen.

Ihr Glaube ist nicht voreilig oder unbedacht. Ihrem Eifer kommt nur ihre Weisheit gleich. Sie handeln mit einer vorzüglichen Strategie. Da ihr ganzes Herz dem Herrn gehört, kann er ihrer Fürsorge alles anvertrauen.

Ausharrende Überwinder - *Hüter der Flamme* genannt - sind in den Büros von Präsidenten ebenso zu Hause wie in den Hütten von Landarbeitern, und sie halten die einen für ebenso wichtig wie die anderen, solange sie den göttlichen Auftrag erfüllen.

Sie reagieren auf einen Klang.

Den Klang von Majestät,
den Klang der Ehre,
den Klang der Stimme des Herrn.

Wie Elia in 1. Könige 18 haben sie *»das Rauschen eines mächtigen Regens«* gehört. Dieser Klang ließ sie erbeben. *Sie haben diesen Klang so tief in sich verinnerlicht, dass sie jetzt damit in Einklang stehen und von diesem Klang bewegt werden.* Wahrheit ist ihre Standarte, Liebe ihre Geheimwaffe.

Sie erleben, dass ihre Leidenschaft für Jesus zu einer Leidenschaft für sein Volk wird - für die verletzte Menschheit und die verwirrte Christenheit. Ihre Leidenschaft für Jesus drücken sie nicht nur in Wort und Lied aus, sondern durch einen treuen Lebensstil der Fürbitte.

Sie legen nicht nur ihr Leben auf den Altar. Sie lassen es dort liegen. Sie harren täglich aus. Sie ringen, schwitzen, brechen durch, springen über Mauern, laufen mitten durch Truppen hindurch, treten Riesen entgegen, nehmen Entbehrungen auf sich und werden von einer Welt verstoßen, die sie nicht versteht.

All das tun sie jeden Tag.

Wofür leben Sie?

Wofür setzen Sie Ihr Leben ein?

Was ist denn so wichtig, dass Sie sich ihnen noch nicht angeschlossen haben? Könnte es sein, dass Sie noch nicht alles hingegeben haben? Oder dass Sie nicht jede Brücke hinter sich abgebrochen haben und unwiderruflich hinübergegangen sind?

Schließen Sie sich ihnen an. David ist einer ihrer Generäle. Esther ist eine ihrer Top-Strategen. Lassen Sie sich heute rekrutieren. Treten Sie in die Kompanie der Beharrlichen ein. Treten Sie in das Feuer, in die Flamme der überwindenden Beharrlichkeit und Ausdauer.

KAPITEL 18

Das Feuer der Weihe

Ich taufe euch mit Wasser zur Buße; der aber nach mir kommt, ist stärker als ich, so daß ich nicht würdig bin, ihm die Schuhe zu tragen; der wird euch mit Heiligem Geist und Feuer taufen.

MATTHÄUS 3,11

Was bedeutet es, heilig zu sein?

In Heiligkeit sind wir ausschließlich dem Herrn geweiht oder ausgesondert, damit er uns gebrauchen kann. Was bedeutet das?

In der Bibel beruht Heiligkeit auf dem Konzept der *Weihe* oder *Aussonderung*. Natürlich hat sie auch die Bedeutung einer zunehmenden Heiligung in unserem Leben, indem wir durch den Herrn immer mehr verwandelt und gereinigt werden, während wir in unserem Leben nach der Heiligkeit Gottes streben. Aber in diesem Abschnitt über das Feuer der Weihe möchte ich den Schwerpunkt auf die Bedeutung der Aussonderung *als Volk* für den Herrn legen.

IN DIESEM ABSCHNITT ÜBER DAS FEUER DER WEIHE MÖCHTE ICH DEN SCHWERPUNKT AUF DIE BEDEUTUNG DER AUSSONDERUNG **ALS VOLK** FÜR DEN HERRN LEGEN.

Wir beten inständig um das Kommen des Herrn. Wir erflehen seine Gegenwart. Aber ist uns bewusst, welche Macht und Verführungskraft der Geist dieser Zeit hat und wie umfassend und durchdringend er ist?

Verstehen wir, wie sehr wir durch weltliches Denken *beeinflusst* und durch weltliche Werte *infiziert* wurden?

Wir rufen den Herrn an und sagen, dass wir *Hüter der Flamme* sein wollen. Wir möchten der Tradition der Leviten folgen, die dem Herrn wohlgefällige Opfer darbrachten, die sich dadurch des Segens Gottes gewiss waren. In der Thora lesen wir: *»... damit ihr einen Unterschied macht zwischen dem Heiligen und dem Unheiligen, zwischen dem Unreinen und Reinen, und damit ihr die Kinder Israels alle Ordnungen lehrt, die der HERR zu ihnen durch Mose geredet hat!«* (3. Mose 10,10-11).

Der Preis der Weihe

Die Leviten waren berufen, Gott nicht nur ein wohlgefälliges Opfer darzubringen, sondern in gewissem Sinn auch das nationale Gewissen des Volkes zu sein. Sie waren diejenigen, die der Herr aufforderte, Israel den Unterschied zwischen dem Heiligen und dem Unheiligen zu lehren.

Aber ist uns bewusst, welchen Preis die Leviten für ihre Weihe zahlten?

Die Weihe der Leviten wird zum ersten Mal beim Desaster des goldenen Kalbs erwähnt. Aaron hatte zugelassen, dass dieser Götze angefertigt wurde, und die Kinder Israels (die Jahwe gerade erst aus Ägypten befreit hatte) hatten ihm schon den Rücken gekehrt und sich der Götzenanbetung zugewandt. Mose hörte diesen unheiligen Lärm vom Berg aus, stieg herab und stellte das Volk zur Rede. Hier ist diese Szene:

> *Als nun Mose sah, daß das Volk zügellos geworden war – denn Aaron hatte ihm die Zügel schießen lassen, seinen Widersachern zum Spott –, da stellte sich Mose im Tor des Lagers auf und sprach: Her zu mir, wer dem HERRN angehört! Da sammelten sich zu ihm alle Söhne Levis. Und er sprach zu ihnen: So spricht der HERR, der Gott Israels: Jeder gürte sein Schwert an seine Hüfte, und geht hin und her, von einem Tor zum anderen im Lager, und jeder erschlage seinen Bruder, seinen Freund und seinen Nächsten! Und die Söhne Levis machten es, wie ihnen Mose ge-*

> *sagt hatte, und an jenem Tag fielen vom Volk an die 3000 Männer. Und Mose sprach: Füllt heute eure Hände für den HERRN, jeder gegen seinen Sohn und gegen seinen Bruder, damit euch heute der Segen gegeben werde!*
> (2. Mose 32,25-29).

Die Leviten zahlten einen hohen Preis für ihre Weihe! Können Sie sich das vorstellen? Der Eifer des Herrn verzehrte sie. Sie richteten ihre Schwerter *gegen ihre eigenen Stämme und Familien*, damit der Name des Herrn nicht weiter entehrt wurde. Die Furcht des Herrn in ihnen war so stark, dass sie jede Menschenfurcht vertrieb. Es gab keinen Zweifel, wo sie standen. *Wo immer der Herr war, da würden auch sie sein.*

Jesus zeigte denselben Eifer, als er dem leblosen religiösen System des Tempels entgegentrat. Hier ist diese Szene:

> *Und er machte eine Geißel aus Stricken und trieb sie alle zum Tempel hinaus, samt den Schafen und Rindern, und den Wechslern verschüttete er das Geld und stieß die Tische um; und zu den Taubenverkäufern sprach er: Schafft das weg von hier! Macht nicht das Haus meines Vaters zu einem Kaufhaus! Seine Jünger dachten aber daran, daß geschrieben steht: »Der Eifer um dein Haus hat mich verzehrt«* (Johannes 2,15-17).

Wenn wir im Feuer der Weihe leben wollen, müssen wir erkennen, dass der Eifer für das Haus unseres Vaters uns verzehren muss. Wir brauchen eine Einstellung der Kompromisslosigkeit gegen Sünde und innere oder äußere Festungen. Wir müssen ein Leben führen, das sich durch heiliges Verhalten auszeichnet. Dann müssen wir ein Herz entwickeln, das nach einem Standard der Heiligkeit gegen die Dinge verlangt, die Gottes Herz brechen.

Die Weihe durchdringt und tränkt alles, was wir sind: wie wir unsere Zeit verbringen; wie wir unser Geld ausgeben; wie wir in Beziehungen investieren; wie wir unseren Tag betrachten. Jeder Augenblick unserer Zeit ist eine Investition in das eine oder das andere Reich. Weihen wir unsere Zeit und *»kaufen die Zeit aus, weil die Tage böse sind«* (siehe Epheser 5,16)?

Was ist mit den Systemen, in denen wir leben?

Zielt der Gruppenzwang in unseren Gemeinden auf Gerechtigkeit oder auf die Maßstäbe der Welt?

Fördern wir eine Atmosphäre, die unsere Teenager ermutigt, mit Beziehungen so umzugehen, wie es in der Welt üblich ist (die sich viel zu früh in emotionale Bindungen verfangen und sich darin verstricken)? Oder setzen wir Maßstäbe des Reiches Gottes, die ihnen zeigen, dass es einen besseren Weg gibt - dass sie nicht nur ihren Körper, sondern auch ihre Herzen für den einen Partner bewahren sollten, den Gott für sie vorgesehen hat?

Forcieren wir eine christliche Musikkultur, welche die gottlosen Formen unserer Umgebung *imitiert*, oder setzen wir Mittel und Möglichkeiten frei, die das Leben und die Macht Gottes widerspiegeln? Fördern wir einen Geist der Unterhaltung oder nähren wir den Geist der Anbetung in unseren Kindern?

Legen wir auf die Fußballliga und andere Sportereignisse mehr Wert als auf unsere Gebetstreffen? Sehen die Kinder in Ihrer Gemeinde mehr Leute an Sportveranstaltungen teilnehmen als an Gebetsversammlungen?

SEHEN DIE KINDER IN IHRER GEMEINDE MEHR LEUTE AN SPORTVERANSTALTUNGEN TEILNEHMEN ALS AN GEBETSVERSAMMLUNGEN?

Wir sind nicht *von* dieser Welt. Wir sollen nicht *aussehen* wie die Welt, nicht *handeln* wie die Welt, nicht *denken* wie die Welt oder *sein* wie die Welt! Hyperreligiöse Einstellungen haben versucht, diese Ermahnungen zu einer Gesetzlichkeit zu machen, die jede Frau verurteilt, wenn sie Make-up benutzt oder kurzes Haar trägt, oder die sagt, dass jeder, der einen Fernseher besitzt, wahrscheinlich nicht errettet ist. Aber wir sollten und dürfen der Gesetzlichkeit nicht nur widerstehen, um uns dann mit geistlicher Mittelmäßigkeit zu begnügen. Es gibt einen besseren Weg!

Attraktive Heiligkeit

Weihe bietet uns die Möglichkeit, in der Freiheit und Weite Christi zu leben und zugleich eine Leidenschaft und einen Eifer für Heiligkeit und Reinheit im Herrn zu bewahren. Es gibt eine Straße der Heiligkeit:

Und eine Straße wird dort sein und ein Weg;
man wird ihn den heiligen Weg nennen;
kein Unreiner wird auf ihm gehen,
sondern er ist für sie;
die auf dem Weg wandeln, selbst Einfältige,
werden nicht irregehen.
Dort wird es keinen Löwen geben,
und kein Raubtier wird zu ihm herankommen
oder dort angetroffen werden,
sondern die Losgekauften werden darauf gehen.
Und die Erlösten des HERRN werden zurückkehren
und nach Zion kommen mit Jauchzen.
Ewige Freude wird über ihrem Haupt sein;
Wonne und Freude werden sie erlangen,
aber Kummer und Seufzen werden entfliehen!
(Jesaja 35,8-10).

Gottes geweihte und die von ihm ausgesonderte Straße der Heiligkeit wird heute wiederhergestellt und aufgebaut. Sie ist der Ort, an dem heilige Absichten sich mit heiligen Herzen und einem heiligen Lebensstil verbinden; es ist Gottes Weg des Heils und der Gnade. Es ist die Attraktivität eines Lebens, das so gelebt wird, wie Gott es beabsichtigt hatte.

Hüter der Flamme werden von den Leuten innerhalb und außerhalb der Gemeinde als Personen gesehen, deren Heiligkeit Menschen zur Heiligkeit Gottes hinzieht. Diese Attraktivität ist rein und gewinnend, magnetisch und dynamisch, anmutig und einladend.

Die Flamme zieht andere durch eine Schönheit an, die mit nichts zu vergleichen ist, was die Welt nachzuahmen versucht. Werden Sie eine Anziehungskraft für Christus, keine Ablenkung. Lassen Sie Ihr Licht so vor den anderen leuchten, dass Sie Gott mit tief empfundener Ehrfurcht verherrlichen und ihm alles weihen, was Sie tun und sind.

KAPITEL 19

Das Feuer der Liebe

Als ich aber ein Mann wurde,
tat ich weg, was zum Unmündigsein gehört.
Denn wir sehen jetzt mittels eines Spiegels wie im Rätsel,
dann aber von Angesicht zu Angesicht;
jetzt erkenne ich stückweise,
dann aber werde ich erkennen, gleichwie ich erkannt bin.
Nun aber bleiben Glaube, Hoffnung, Liebe, diese drei;
die größte aber von diesen ist die Liebe.

1. KORINTHER 13,11B-13

Ich bin seit fast dreißig Jahren Christ, und deshalb beschämt und betrübt es mich, sagen zu müssen, dass ich nur sehr wenig von der *agape*-Liebe verstehe. Ich verstehe die Wichtigkeit auf eine intellektuelle Weise und weiß vieles über Liebe. Aber ich habe immer noch den Eindruck, jene spürbare Bedeutung des Wortes *Liebe* nicht begriffen zu haben, die wir - so glaube ich - nach dem Willen des Herrn verstehen und verinnerlichen sollen.

Ich weiß zum Beispiel, dass ...

... Gott Liebe ist.
... Glaube durch Liebe wirksam wird.
... niemand größere Liebe hat als der,
der sein Leben für seine Freunde hingibt.
... Gott die Welt so sehr geliebt hat ...
... sie an unserer Liebe erkennen werden,
dass wir Christen sind.

Aber irgendwie empfinde ich, dass ich andere Dinge viel besser erklären kann als Liebe – zum Beispiel Hoffnung oder Vertrauen oder Glaube.

In den letzten Jahren habe ich darüber nachgedacht, wie fundamental und grundlegend die Liebe in der Bibel ist und welche Priorität ihr zukommt. Und doch scheint die überwiegende Mehrheit der christlichen Literatur und Lehre sich auf so viele andere Dinge zu konzentrieren! Mir fallen sofort Lehrer und ganze Organisationen ein, die mit Glauben, Gebet, Anbetung, Befreiung, innerer Heilung, sozialer Gerechtigkeit, Leiterentwicklung und vielen anderen Themen identifiziert werden. Aber ich habe das tiefe Empfinden, dass uns selbst das elementarste Verständnis der Liebe abhanden geht.

Das lässt mich fragen, ob ich mit meiner Erfahrung, etwas hilflos zu werden, wenn es um Liebe geht, allein dastehe oder ob die Gemeinde vielleicht eine frische Taufe in diesem so fundamentalen und notwendigen geistlichen Element braucht.

> JE HÖHER UNSERE MASSSTÄBE SIND, DESTO MEHR SOLLTEN WIR IN LIEBE DENEN ENTGEGENKOMMEN, VON DENEN WIR MEINEN, DASS SIE DIESEN MASSSTÄBEN ABLEHNEND GEGENÜBERSTEHEN.

Wenn wir in Christus weiterkommen wollen, müssen wir erkennen, dass unsere wichtigste Bestimmung Liebe ist. Wir müssen Gott im Reden, im Handeln und im Herzen lieben. Wir müssen unsere Mitchristen lieben – nicht nur als verstandesmäßige Zustimmung oder weil wir eine echte Zuneigung zu anderen empfinden, sondern bewusst. Wir müssen die Welt lieben.

Wenn Menschen, die Christus nicht kennen, die Liebe Gottes spüren und kennen lernen sollen, muss sie von uns fließen, die wir seine ausgestreckten Hände sind. Wir müssen unsere Feinde lieben! Wow! Was bedeutet DAS für uns und für unseren Umgang mit Menschen, deren politische und soziale Ziele sich von unseren unterscheiden?

Liebt die Gemeinde diejenigen Menschen, die wir als unsere Feinde wahrnehmen, oder greifen wir sie öffentlich an? Ich spreche nicht davon, dass wir unsere Maßstäbe herabsetzen sollten, aber ich glaube, je höher unsere Maßstäbe sind, desto mehr sollten wir in Liebe denen entgegenkommen, von denen wir meinen, dass sie diesen Maßstäben ablehnend gegenüberstehen.

Ganz offensichtlich sollte wohl sehr viel mehr Liebe gelebt und praktiziert werden. Aber was ist Liebe und wie wird sie zum Ausdruck gebracht?

Liebe - Gefühl oder Entscheidung

Meine Frau und ich sind in vieler Hinsicht völlig verschieden. Ich bin in einer strengen, christlichen Familie aufgewachsen, meine Frau in einer aufgeschlossenen, liberalen, ausgesprochen intellektuellen jüdischen Familie. Beste Voraussetzungen für eine interessante Beziehung!

In der ersten Zeit unserer Beziehung führten wir ständig intensive Diskussionen (Sie wissen schon, was ich meine, oder?) über das Wesen der Liebe. Ist Liebe zuerst Gefühl oder zuerst Entscheidung?

Was bringt Liebe in eine Situation?

Ist es so, dass der Verstand eine bewusste Entscheidung trifft zu lieben, selbst wenn man emotional im Augenblick frustriert ist? Oder muss das Herz ständig das Gefühl der Liebe nähren und suchen und den Verstand folgen lassen?

Was motiviert - das Gefühl oder die Entscheidung?

Natürlich gibt es bei solchen Fragen, ob das Huhn oder das Ei zuerst da war, keine wirklich erschöpfende Antwort. Es ist immer eine Mischung von beidem und immer besteht die Notwendigkeit, im Prozess der Reife jeweils in dem Bereich zu wachsen, der uns von Natur aus weniger liegt.

Aber wir haben angefangen, eines zu erkennen: Wenn Gefühl und Entscheidungen Wurzeln sind, die sich tief in den Boden der Beziehung eingraben, dann gibt es da etwas, das sie miteinander verbindet - eine unsichtbare, magnetische Kraft, die bewirkt, dass Entscheidungen und Gefühle in einem Reigen harmonischer Spannung tanzen.

Liebe als Bund

Hüter der Flamme leben in einem Bund der Liebe. Letztlich sind sowohl Gefühle ohne Entscheidungen als auch Entscheidungen ohne Gefühle ein sicheres Rezept für das Ende der Liebe. Das eine führt zu Unsicherheit, weil das Herz unbeständig und wechselhaft ist und in einem Augenblick leicht umschlagen kann. Das andere führt zu Sterilität, weil das Herz Gefühle braucht wie die Lunge Sauerstoff. Es nützt nichts, einfach nur zu sagen, dass jemand geliebt wird. Die Wirkung der Liebe liegt nicht im Bekenntnis des Gebenden, sondern in der Annahme des Nehmenden.

Das Konzept eines Bundes ist heute verloren gegangen, muss aber von *Hütern der Flamme* zurückgewonnen werden, damit Ehen, Familien, Gemeinden, Städte und Generationen wieder für den Herrn beansprucht werden können. Alles, was Gott ist und tut, ist und tut er durch einen Bund.

Wir kennen ihn durch den Bund. Unsere Beziehung zu Gott ist selbst Ergebnis und Erfüllung der Verheißung seines Bundes an Abraham. Ohne die Bedingungen, das Verständnis und die Realität des Bundes haben wir gar nichts. Die Bundesschlüsse Gottes bilden den Rahmen des Universums.

UNSERE BEZIEHUNG ZU GOTT IST SELBST ERGEBNIS UND ERFÜLLUNG DER VERHEISSUNG SEINES BUNDES AN ABRAHAM. OHNE DIE BEDINGUNGEN, DAS VERSTÄNDNIS UND DIE REALITÄT DES BUNDES HABEN WIR GAR NICHTS. DIE BUNDESSCHLÜSSE GOTTES BILDEN DEN RAHMEN DES UNIVERSUMS.

Die Welt beruht auf Vertragsbeziehungen. Und wie wir gelernt haben, ist ein Vertrag zeitlich gebunden, ein Bund dagegen ewig. Ein Vertrag verlangt Bedingungen, ein Bund der Liebe ist bedingungslos. Ein Vertrag rechnet mit der Möglichkeit des Scheiterns und nennt entsprechende Regelungen; ein Bund der Liebe versagt nie. Ein Vertrag kann bilateral sein; ein Bund ist immer trilateral, mit Gott in der Mitte. Ein Vertrag beruht auf Gesetzen und Regeln; ein Bund beruht auf Gnade und

Beziehung. Ein Vertrag kann gebrochen werden; ein Bund mag sich biegen, bricht aber nicht.

So gelange ich also zu dem Schluss, dass Liebe durch und durch mit einem Bund zu tun hat. Weil Gott mich liebt, hat er mich in einen Bund eingeladen. Gottes Einladung zielt aber nicht nur auf eine Beziehung, die er je nach meinem Verhalten an einem beliebigen Tag geben oder wieder zurücknehmen kann. Stattdessen hat er mir einen bedingungslosen Bund der Liebe angeboten. Ich bin sein und er ist mein.

Ich bin in seiner Liebe geborgen. Ich bin noch nicht vollkommen dem Ebenbild Christi gleich geworden, aber seine Liebe zu mir und seine Treue sind nicht von meiner Vollkommenheit abhängig.

Gott ist Liebe. Das Wort sagt nicht, dass Gott *liebt*, sondern dass er Liebe *ist*. Gott liebt mich nicht weniger, wenn ich dickköpfig und ungehorsam bin, und er liebt mich nicht mehr, wenn ich meine Sache gut mache und so lebe, wie ich es sollte und möchte.

Damit sage ich nicht, dass meine Entscheidungen keine Folge hätten. Ein Bund hat Segnungen und Flüche, die in meinem Leben wirksam werden, je nachdem, wie ich den Vereinbarungen des Bundes entspreche. Aber diese Auswirkungen gelten im Hier und Jetzt der vergänglichen Welt. In der ewigen Welt sind Gottes Liebe für mich und sein Wunsch, mich zu segnen und in enger Beziehung mit mir zu leben, bedingungslos.

Und wenn Gott richtet oder straft, tut er es mit einem Herzen der Liebe. Die Gerichte des Herrn sollen uns zur Buße führen, damit diese Bundesbeziehung - diese Liebesbeziehung - wiederhergestellt werden kann.

In vielen Predigten hören wir, dass das Gericht, das über die Erde kommen wird, etwas sei, das Gott wirklich möchte. Ich glaube nicht, dass die Bibel einen Gott zeigt, der Freude am Gericht hat, sondern einen Gott, der sich über die Erlösung von Menschen freut! Wie großartig und wunderbar sind die Barmherzigkeit und Freundlichkeit und Liebe Gottes!

Studieren Sie einmal diese augenöffnenden und aufschlussreichen Abschnitte über das Wesen Gottes:

> *Wenn aber der Gottlose umkehrt von allen seinen Sünden, die er begangen hat, und alle meine Satzungen bewahrt und Recht und Gerechtigkeit übt, so soll er gewiß leben; er soll nicht sterben. An alle seine Übertretungen, die er begangen hat, soll nicht mehr gedacht werden; er soll leben um seiner Gerechtigkeit willen, die er getan hat! Oder habe ich etwa Gefallen am Tod des Gottlosen, spricht GOTT, der Herr, und nicht vielmehr daran, daß er sich von seinen Wegen bekehrt und lebt?* (Hesekiel 18,21-23).

> *Denn Gott hat seinen Sohn nicht in die Welt gesandt, damit er die Welt richte, sondern damit die Welt durch ihn gerettet werde* (Johannes 3,17).

Wenn wir ein Opfer bringen wollen, ein wohlgefälliges Opfer, das Gottes Herz berührt und seine Hand in dieser Generation bewegt, dann müssen wir im Feuer der göttlichen Liebe leben. Liebe darf für uns kein abstrakter Begriff sein, sondern muss *lebendige Realität* werden. Wir müssen nach Liebe streben, um sie ringen und die Höhe und Tiefe der Liebe Gottes zu verstehen suchen. Genauso wichtig ist, dass wir dieser Liebe Raum geben, durch uns zu fließen - nicht nur zu den Menschen, bei denen es uns leicht fällt, sie zu lieben, sondern zu allen Menschen, besonders zu denen, die uns nicht liebenswert erscheinen.

Wie sähe die Welt aus, wenn wir wirklich in der Liebe leben würden, im Bund mit Gott und miteinander? Wie anders wäre alles, wenn wir mit unserem ganzen Handeln ehrlich, bewusst und entschlossen um alles ringen würden, was gut und wertvoll ist?

Die Liebe Gottes und der Bund Gottes sind nicht abstrakt oder abgehoben. Alles, was wir aus der Bibel über Gott und über unseren Auftrag wissen, sagt uns, dass unsere Leidenschaft für Jesus auf reale und praktische Weise für unsere Brüder und Schwestern in Christus und für die Welt um uns herum zum Ausdruck kommen muss.

Simon, Sohn des Jonas, liebst du mich mehr als diese?

Er spricht zu ihm: Ja, Herr, du weißt, daß ich dich lieb habe!

Er spricht zu ihm: Weide meine Lämmer!

Wiederum spricht er zum zweiten Mal zu ihm: Simon, Sohn des Jonas, liebst du mich?

Er antwortete ihm: Ja, Herr, du weißt, daß ich dich lieb habe.

Er spricht zu ihm: Hüte meine Schafe!

Und das dritte Mal fragt er ihn: Simon, Sohn des Jonas, hast du mich lieb?

Da wurde Petrus traurig, daß er ihn das dritte Mal fragte: Hast du mich lieb?, und er sprach zu ihm: Herr, du weißt alle Dinge; du weißt, daß ich dich lieb habe.

Jesus spricht zu ihm: Weide meine Schafe!
(Johannes 21,15-18a).

Dann werden ihm die Gerechten antworten und sagen: Herr, wann haben wir dich hungrig gesehen und haben dich gespeist, oder durstig, und haben dir zu trinken gegeben? Wann haben wir dich als Fremdling gesehen und haben dich beherbergt, oder ohne Kleidung, und haben dich bekleidet? Wann haben wir dich krank gesehen, oder im Gefängnis, und sind zu dir gekommen?

Und der König wird ihnen antworten und sagen: Wahrlich, ich sage euch: Was ihr einem dieser meiner geringsten Brüder getan habt, das habt ihr mir getan!
(Matthäus 25,37-40).

Und so ist Liebe letztlich weder nur Gefühl noch nur Entscheidung, sondern Liebe ist ein Bund. Liebe ist die erfahrbare, magnetische Kraft, die alle Dinge zusammenhält. Doch zum Ausdruck kommt sie auf sehr praktische, reale Art und Weise.

Wir müssen die Liebe zurückgewinnen. Wir müssen eine wirkliche Liebe zu Gott und von Gott zurückgewinnen, die eine wirkliche Liebe zu anderen Menschen zur Folge hat. Die Liebe Gottes muss dieser Generation vermittelt werden. Der heilende Strom reiner Liebe, die vom Himmel fließt, muss ein Ventil finden. Sie muss zum Ausdruck kommen. Sie muss bewahrt werden.

Die Bundesschlüsse Gottes nötigen uns, unsere Liebe zu verschenken, Tag für Tag, indem wir von unserer Zeit, von unserem Geld und von unserer Privatsphäre geben und manche Annehmlichkeiten aufgeben. Das *Ich* darf nicht auf dem Thron unseres Lebens sitzen. **Ein konsumorientiertes Christentum, das meint, Jesus wäre gekommen, um uns ein nettes, selbstzufriedenes Leben zu geben, muss durchbrochen werden.** Wir dürfen nicht lieben, weil es uns gelegen kommt oder wir eigene Interessen im Sinn haben oder weil wir eine Gegenleistung erwarten.

LIEBE IST DIE ERFAHRBARE, MAGNETISCHE KRAFT, DIE ALLE DINGE ZUSAMMENHÄLT. DOCH ZUM AUSDRUCK KOMMT SIE AUF SEHR PRAKTISCHE, REALE ART UND WEISE.

Wir müssen lieben, weil Liebe Gott ist - freigesetzt, um in der Welt zu handeln und sich zu bewegen und zu herrschen. Liebe denkt darüber nach, wie sie anderen dienen, sich um sie kümmern und ihnen geben kann. Sie sucht nicht das ihre.

Und wenn die Liebe nicht erwidert wird? Wenn Sie für Ihr Geschenk der Liebe nicht die erwartete Reaktion erhalten? Was ist dann?

Nun, war Ihre Liebe bedingungslos? Und an wen richtete sie sich tatsächlich? Wenn sie letztlich auf Gott ausgerichtet war und ihm geschenkt wurde, dann haben wir unsere Belohnung schon erhalten. Wir haben ihn geliebt.

Hüter der Flamme bringen das Feuer der Liebe nicht auf einfache Weise dar, indem sie Lieder singen oder Gebete sprechen oder etwas Geld spenden. Wir bringen etwas, das uns einiges gekostet hat - etwas, das - in uns - brennt. Ein solches Opfer gefällt Gott.

DER WOHLGERUCH

Gott aber sei Dank, der uns allezeit in Christus
triumphieren läßt und den Geruch seiner Erkenntnis
durch uns an jedem Ort offenbar macht! Denn wir sind
für Gott ein Wohlgeruch des Christus unter denen,
die gerettet werden, und unter denen, die verlorengehen;
den einen ein Geruch des Todes zum Tode,
den anderen aber ein Geruch des Lebens zum Leben.
Und wer ist hierzu tüchtig?

2. Korinther 2,14-16a

KAPITEL 20

Wir sind der Wohlgeruch Christi

Wir streben danach, *Hüter der Flamme* zu sein. Und was heißt das für uns?

***Die Wahrung unserer Integrität** im persönlichen und gemeinsamen Handeln innerhalb und außerhalb unserer Glaubensgemeinschaften.* Wir haben gesehen, dass der Altar unseres Lebens nach Gottes Maßstäben errichtet und in unseren unmittelbaren und fernen Beziehungen aufrechterhalten werden muss. In einer Liebe des Bundes verwurzelt müssen diese Beziehungen frei von Spaltung, Streit und Stolz sein, damit wir unsere Anbetung auf eine solide Grundlage stützen können.

***Die Rückgewinnung einer auf Gott ausgerichteten Spiritualität**, die darauf beruht, dass wir wohlgefällige Opfer aus der Arbeit unserer Hände und aus dem Zustand unseres Herzens darbringen.* Gott wohlgefällig ist ein Opfer, das beständig auf dem Altar bleibt. In allen Bedrängnissen, die uns zusetzen, müssen wir darauf konzentriert bleiben, unsere Opfer vor Gott rein zu erhalten. Ein solches Opfer ist keine Sache des Augenblicks und kein Ritual, sondern der Ruf, täglich in einer Bundesbeziehung zu leben. Unser Opfer ist in der Tat unser Leben selbst.

***In unserem Leben das fördern, was dem Herrn gefällt** und seine Gegenwart in unserer Mitte willkommen heißen.* Wir haben gelernt, dass das Feuer die Gegenwart des einen, wahren und lebendigen Gottes repräsentiert, der sich inmitten seines Volkes manifestiert und bei ihnen wohnt. Der Heilige, der gepriesen sei, durchsucht die Erde nach einem Mann, nach einer Frau, nach einem Volk, denen er sich treu erweisen kann. Das Feuer, das reinigt, schmelzt und verbrennt, lädt uns ein, in seine Flamme hineinzutreten.

Der Heilige, der gepriesen sei, durchsucht die Erde nach einem Mann, nach einer Frau, nach einem Volk, denen er sich treu erweisen kann.

Indem wir in diesen drei Bereichen Lehre und Offenbarung annehmen, sind wir nun dafür ausgerüstet, unser Leben als Anbetung Gottes zu leben.

Der Kern der Sache

Bisher haben wir alles aus unserer eigenen Perspektive untersucht. Zwar haben wir versucht, unser Leben an dem auszurichten, was richtig ist, aber dabei haben wir uns auf das konzentriert, was es für uns bedeutet, *Hüter der Flamme* zu sein. Doch vielleicht haben Sie in Ihrem Leben mit dem Herrn inzwischen herausgefunden, dass Sie nicht der Mittelpunkt des Universums sind.

Die Frage, die wir uns stellen müssen, lautet: Warum?

Warum bauen wir intakte Altäre?

Warum bringen wir wohlgefällige Opfer dar?

Warum fachen wir die Flamme seiner Gegenwart an?

Tun wir es zu unserem Vergnügen? Um andere zu unterhalten? Um uns vom Kummer des Lebens abzulenken?

Anbetung ist das wahre Wesen unseres Seins. Aber warum müssen wir ein Leben der Anbetung führen? Worauf hoffen wir dabei? Warum hüten wir diese Flamme?

Als Sie die Ermahnungen über den Altar, die Opfer und das Feuer lasen, haben Sie sich vielleicht gefragt: »Welches Element ist das Wichtigste? Welches ist der Schlüssel für alle anderen? Nach welchem sucht Gott wirklich?«

Jeder von uns wird je nach Persönlichkeit, Lebenserfahrung

und einer Fülle anderer Faktoren zu einem dieser drei Elemente hingezogen: zum Altar, zum Opfer oder zum Feuer.

ANBETUNG IST DAS WAHRE WESEN UNSERES SEINS. ABER WARUM MÜSSEN WIR EIN LEBEN DER ANBETUNG FÜHREN? WORAUF HOFFEN WIR DABEI? WARUM HÜTEN WIR DIESE FLAMME?

Diejenigen von uns, die strukturorientiert sind, werden sich sofort und unwillkürlich auf die Notwendigkeit der rechten Ordnung der Dinge, den Ort des Altars, konzentrieren. Wenn wir - ob in einer ganzen Stadt oder in unseren eigenen Gemeinden - nur wirklich eins und uns am Riemen reißen würden, dann, so meinen wir, würden tatsächlich Dinge in Bewegung kommen und wir würden erleben, wie Gottes Reich in viel größerem Maß kommt.

Andere unter uns konzentrieren sich auf das Opfer. Für uns geht es um persönliche und gemeinschaftliche Heiligkeit und tiefe Hingabe an Gott. Wir ziehen den Schluss, dass wir in der heutigen Zeit keine Ergebnisse erzielen, weil unsere Herzen nicht in Ordnung sind und weil wir nicht bereit sind, die notwendigen harten Entscheidungen zu treffen, um unseren Auftrag erfüllen zu können.

Schließlich gibt es diejenigen, die sich auf das Feuer konzentrieren. Wir empfinden einfach, dass der Schlüssel zu tief greifenden Veränderungen auf der Erde darin liegt, alle Kontrollen aufzugeben und den Heiligen Geist kommen zu lassen, damit er durch umfassende Erweise seiner Macht sein Werk tut.

Auch wenn wir uns vielleicht mit dem einen Element stärker identifizieren als mit den anderen, würden die meisten von uns sagen, dass alle drei Elemente gleich wichtig sind. Wir würden den Schluss ziehen, dass Gott auf alle drei Wert legt.

Zwar glaube ich, dass alle Funktionen, die wir bisher betrachtet haben, wichtig sind, aber ich glaube nicht, dass Gott letztlich nach irgendeinem dieser Elemente sucht.

Wenn weder die Integrität unserer Beziehungen noch die Ganzheitlichkeit unserer Opfer oder das Lodern unseres Feuer Gott befriedigt, wonach sucht er dann?

Ein Wohlgeruch

In 3. Mose 1,9 geht es um *»ein Brandopfer, ein Feueropfer zum lieblichen Geruch für den HERRN.«*

Das, was der Herr wirklich sucht und was sein Herz berühren und seine Hand bewegen wird, ist ein Wohlgeruch. Der Herr sucht nach dem Duft, der freigesetzt wird, wenn alle drei Komponenten des Brandopfers in einer herrlichen Einheit zusammenwirken.

All das war von Anfang an sein Wunsch.

Der Wohlgeruch damals

Betrachten Sie die rauen Steine: Vom Zahn der Zeit zerklüftet und in sich selbst unvollkommen, haben sie einen Weg gefunden, sich zusammenzufügen und eine solide, intakte Struktur zu bilden. Betrachten Sie den Priester in seinem heiligen Gewand, wie er das geschlachtete Tier niederlegt. Betrachten Sie das Flackern der nicht ersterbenden Flamme, die nicht erstickt wurde, die nicht verloschen ist.

Als das tote Fleisch mit den lebendigen Flammen in Berührung kommt, geschieht etwas. Augenblicklich steigt Rauch von diesem Punkt des Zusammentreffens auf. Priester berührt Altar, Altar berührt Opfer, Opfer berührt Feuer - und alles für diesen Augenblick, diesen Augenblick der Freisetzung. Die Kombination dieser drei Elemente ruft eine Reaktion hervor, die nicht möglich ist, sobald ein Element fehlt. Und trotzdem lässt sich die Reaktion nicht einem Element allein zuschreiben. Plötzlich wird ein Duft freigesetzt, der zum Himmel aufsteigt, zur Nase Gottes.

»Der Priester soll das Ganze darbringen und auf dem Altar in Rauch aufgehen lassen; es ist ein Brandopfer, ein Feueropfer zum lieblichen Geruch für den HERRN« (3. Mose 1,13).

Der Wohlgeruch heute: Überlegungen für unsere Zeit

Als köstlicher Duft, der zum Herrn aufstieg, war der Wohlgeruch das Element, das durch die Synthese aller anderen Elemente geschaffen wurde. Die ***richtigen Beziehungen***, die wir wahren, sind wichtig für den Prozess der Anbetung, weil sie die Grundlage, den Altar, unseres Lebens bilden. Ohne die *Opfer*, die wir dem Herrn durch unseren Dienst und unsere Hingabe aus ganzem Herzen darbringen, gäbe es nichts, was als Opfer brennen könnte. Und ohne das *verzehrende Feuer* der Gegenwart Gottes, das unserem Leben Wert und Sinn verleiht, gäbe es keine Möglichkeit, unsere Anbetung zum Himmel aufsteigen zu lassen. Wenn der Altar, das Opfer und das Feuer ihre jeweilige Funktion erfüllen, wird etwas geschaffen, das Gott erfreut.

Was Gott wirklich wünscht und als wahre Anbetung betrachtet, ist in keinem dieser Elemente enthalten. Was Gott will, das Eine, worauf es ihm ankommt, ist der köstliche und schöne Duft, der zu ihm aufsteigt, wenn die Elemente in unserem eigenen Leben und in unseren Beziehungen zu anderen in ehrwürdiger und harmonischer Weise zusammenwirken.

WAS GOTT WILL, DAS EINE, WORAUF ES IHM ANKOMMT, IST DER KÖSTLICHE UND SCHÖNE DUFT, DER ZU IHM AUFSTEIGT, WENN DIE ELEMENTE IN UNSEREM EIGENEN LEBEN UND IN UNSEREN BEZIEHUNGEN ZU ANDEREN IN EHRWÜRDIGER UND HARMONISCHER WEISE ZUSAMMENWIRKEN.

> *Gott aber sei Dank, der uns allezeit in Christus triumphieren läßt und den Geruch seiner Erkenntnis durch uns an jedem Ort offenbar macht! Denn wir sind für Gott ein Wohlgeruch des Christus unter denen, die gerettet werden, und unter denen, die verlorengehen* (2. Korinther 2,14-15).

Eine einheitliche Perspektive

Warum ist diese Tatsache für unser Verständnis der Anbetung so wesentlich?

Das ist sie einfach deshalb, weil jeder von uns dazu neigt, die eigene Weltanschauung oder Orientierung für wichtiger und richtiger zu halten, als die der anderen.

Wer sich auf die richtige Struktur und Organisation konzentriert (»Altar«-Christen), kann den Eindruck haben, dass andere, die nach dem Wirken des Heiligen Geistes und nach mächtigen Manifestationen suchen, eher exzentrisch, »total durcheinander« und ineffektiv sind. Sie können ihre Zeit damit verbringen, Strategien zu entwickeln, tabellarische Aufstellungen zu machen und Arbeitsbeschreibungen zu erstellen, erwarten, dass alle die Dinge so sehen wie sie und kommen gar nicht auf die Idee, sich auf den Heiligen Geist zu konzentrieren und ihm zu erlauben, ihr Herz in einer lebensverändernden Art und Weise zu durchdringen.

Wer sich auf die Angelegenheiten des Herzens konzentriert (»Opfer«-Christen), kann ganz subtil empfinden, dass »man« wirklich weiterkommen würde, wenn nur jeder andere ein wenig demütiger und hingegebener und verbindlicher wäre. Fast unmerklich schleicht sich hier eine Selbstgerechtigkeit ein, die aus einer individualistischen Einstellung heraus erwartet, dass alle anderen genauso geistlich werden und »auf dem richtigen Weg« seien wie sie selbst.

Und wer sich auf die Macht und die Manifestationen des Heiligen Geistes konzentriert (»Feuer«-Christen), kann ziellos von einer Konferenz zur anderen driften und das Gefühl haben, dass die Altar-Christen in Wirklichkeit kontrollierend und manipulativ sind und dass der Heilige Geist wirklich durchbrechen könnte, wenn diese den Weg frei machen würden. Diese Mitmenschen sind im Heiligen Geist so »frei«, dass sie nicht auf der Ebene echter Gemeinschaft verankert sind, in der sich die Echtheit unserer Erfahrungen bestätigt.

Nein, wenn Gott wirklich eines dieser Elemente den anderen vorziehen würde, wenn der Herr sich auf eines konzentrieren würde, hätten wir ein einseitiges Königreich.

Ein wunderbarer Anblick

Gott sagt, es gibt einen Duft, eine Dynamik, eine Kraft„ die freigesetzt wird, wenn jeder Teil des Körpers seine Funktion erfüllt, die Arbeit und Berufung der anderen ehrt und die Notwendigkeit der Ergänzung durch die anderen anerkennt. Das nicht Greifbare, das freigesetzt wird, ist der in Psalm 133 beschriebene Segen, den wir empfangen, wenn wir auf Gottes Weise in seinem Reich leben.

> *Siehe, wie fein und wie lieblich ist's,*
> *wenn Brüder in Eintracht beisammen sind!*
> *Wie das feine Öl auf dem Haupt,*
> *das herabfließt in den Bart, den Bart Aarons,*
> *das herabfließt bis zum Saum seiner Kleider;*
> *wie der Tau des Hermon,*
> *der herabfließt auf die Berge Zions;*
> *denn dort hat der HERR den Segen verheißen,*
> *Leben bis in Ewigkeit* (Psalm 133,1-3).

Ein herrlicher Klang

Wenn in der Musik zwei Noten eines Akkords in absoluter Reinheit gespielt werden, entsteht ein harmonisches Klangphänomen in der Atmosphäre. Ein dritter Ton wird hörbar, den man als Oberton bezeichnet. Obwohl kein Instrument ihn spielt und niemand diese Note angeschlagen hat, ist der Ton akustisch hörbar, wenn die anderen Noten in perfekter Tonhöhe gespielt werden. So ist auch der Duft Gottes inmitten seines Volkes.

Es gibt einen Duft, eine Dynamik, eine Kraft, die freigesetzt wird, wenn jeder Teil des Körpers seine Funktion erfüllt, die Arbeit und Berufung der anderen ehrt und die Notwendigkeit der Ergänzung durch die anderen anerkennt.

Etwas Reales taucht auf, scheinbar aus dem Nichts, wenn Gottes Volk ihm ein wohlgefälliges Opfer darbringt. Es ist real. Es ist da. Und man kann es nicht auf Verlangen produzieren. Man kann nur die richtigen Umstände und Bedingungen schaffen, damit es in Erscheinung tritt. Es geschieht einfach dann, wenn alles andere sich in der göttlichen Ordnung bewegt.

Ein Duft des Lebens

In dieser turbulenten Zeit der Menschheitsgeschichte entstehen auf der Erde Situationen und Zustände, die dazu führen, dass den Menschen vor Angst das Herz versagt. Gleichzeitig ergeht in den Völkern ein Ruf. Der Herr sucht nach den Leviten Gottes und wartet darauf, dass sie aufstehen.

GLEICHZEITIG ERGEHT IN DEN VÖLKERN EIN RUF. DER HERR SUCHT NACH DEN LEVITEN GOTTES UND WARTET DARAUF, DASS SIE AUFSTEHEN.

Der Herr sucht nach solchen Priestern, denen es um sein Herz und die Erfüllung seiner Absichten geht. Er sucht nach den Unzufriedenen, den Hungrigen, den Sehnsüchtigen, den Ausharrenden, den Verzweifelten, den Hingegebenen. Gott sehnt sich nach Menschen, die dem Herrn den Weg bereiten.

Ein Altar muss gebaut werden. Wir müssen lernen, dass es darauf ankommt, in unserem Umgang miteinander das Richtige zu tun. Wir müssen auch entschlossen sein, feste Fundamente zu wahren und solche Strukturen niederzureißen, die kein Leben hervorbringen.

Ein Opfer muss dargebracht werden. Wir müssen die Entscheidung treffen, zu glauben, zu vergeben und unsere Stellung zu halten, solange es nötig ist, bis das Feuer kommt und unser Opfer verzehrt.

Das Feuer muss bleiben. Wir müssen unsere Denkweise ändern, um dem brennenden, heiligen, verzehrenden Geist des Herrn Raum zu geben. Wir können und dürfen nicht länger den äußeren Schein aufrechterhalten und Systeme fortsetzen, die sein Reich nicht ausbreiten. Es GIBT einen himmlischen Weg, der auf der Erde Resultate bringt.

Werden Sie ein *Hüter der göttlichen Flamme* sein?

Werden Sie den Altar Ihres Lebens neu ordnen?

Werden Sie sich täglich völlig als Opfer hingeben?

Werden Sie in dem Feuer stehen, das verbrennt,
und seine sengende Flamme bis ins Mark vordringen lassen?

Werden Sie morgen aufwachen und wieder von vorn beginnen?

Werden Sie einen Lebensstil annehmen, der die Gegenwart
und die Absichten Gottes für jeden Menschen und alle
Dinge freisetzt, mit denen Sie in Berührung kommen?

Werden Sie alles heiligen, was Sie umgibt,
weil der Duft Gottes auf Ihnen ist?

Antworten Sie auf den Ruf Gottes. Hören Sie auf sein Herz. Gibt es etwas Größeres, dem wir uns weihen könnten?

Der Maßstab für das, was es heißt, dem Herrn zu gehören und mit ihm zu leben, muss in unserer Zeit zurückgewonnen und wieder aufgerichtet werden.

Werden Sie untrennbar mit der Generation der Treuen verbunden, die *Hüter der göttlichen Flamme* genannt werden.

Hüter der göttlichen Flamme: Ein Versprechen

Der Priester soll das Ganze darbringen und auf dem Altar
in Rauch aufgehen lassen; es ist ein Brandopfer,
ein Feueropfer zum lieblichen Geruch für den HERRN.

3. Mose 1,13b

Ich ermahne euch nun, ihr Brüder,
angesichts der Barmherzigkeit Gottes,
daß ihr eure Leiber darbringt
als ein lebendiges, heiliges, Gott wohlgefälliges Opfer:
das sei euer vernünftiger Gottesdienst!
Und paßt euch nicht diesem Weltlauf an,
sondern laßt euch [in eurem Wesen] verwandeln
durch die Erneuerung eures Sinnes,
damit ihr prüfen könnt, was
der gute und wohlgefällige und
vollkommene Wille Gottes ist.

Römer 12,1-2

Als Hüter der göttlichen Flamme weihe und verpflichte und widme ich mich dem Ruf:

Den Altar zu bauen ...

- einen Lebensstil der Anbetung zu wählen
- mich Gott rückhaltlos hinzugeben
- von ganzem Herzen zu ihm zu kommen
- den Preis wahrer Anbetung zu zahlen
- dem Herrn in allen meinen Beziehungen einen Altar zu bauen

Das Opfer darzubringen ...

- mein ganzes Sein als mein Opfer auf den Altar zu legen
- in Gottes Gegenwart zu kommen, um mit ihm verbunden zu sein
- das Opfer meiner Hände, meiner Zeit, meines Eigentums, meiner Arbeit darzubringen
- mich zum Gehorsam zu entscheiden; ein Täter des Wortes und nicht nur ein Hörer zu sein

Das Feuer am Brennen zu halten ...

- in das Feuer Gottes zu treten und ihm zu begegnen
- von einer leidenschaftlichen Liebe zu Gott entfacht zu sein
- Gott mit aller Hingabe nachzujagen
- das Lodern des Feuers stets zur höchsten Priorität meines Lebens zu machen
- das Feuer der Offenbarung zu suchen
- vom Feuer der Reinheit und Weihe verzehrt zu werden
- mich ausschließlich Christus und seinem Dienst zu weihen

Den Duft freizusetzen …

- damit alles, was ich bin, dem lebendigen Gott wohlgefällig ist
- damit die intensive Heiligung, die durch den Altar, das Opfer und das Feuer in mir bewirkt wird, die Welt zu Christus hinzieht
- damit mein ganzes Leben Gottes Liebe in mir und durch mich sowohl zur Gemeinde als auch zur Welt zum Ausdruck bringt.

Internationale Stimmen zu diesem Buch

Roberts neues Buch führt an einen Ort inniger Vertrautheit in der Beziehung mit Gott. Es wird Sie geistlich erfrischen und Ihre Motivation erneuern, nach einem lebendigen Lebensstil der Anbetung zu suchen, der dem Herrn gefällt.

Mike Bickle

Leiter des »International House of Prayer« in Kansas City

Robert ist ein leidenschaftlicher Levit mit mutigem Glauben und brennender Hingabe an Gott. Seine Schriften sind ausgereift und wir wissen, dass sein Charakter und sein Lebensstil mit seinen Worten übereinstimmen. Dieses Buch wird Sie an den entscheidenden Punkt bringen, Ihr Leben als authentischer Anbeter hinzugeben. Lassen Sie sich durch das Herz eines anbetenden Kämpfers verändern.

Wesley und Stacey Campbell

Gründer von »Praying The Bibel International«

Wir schätzen das Herz des Gebets und der Anbetung sehr, das Robert Stearns zum Ausdruck bringt. Auf einem Fundament der Fürbitte für Israel, Amerika und die Nationen zeigt Robert uns in praktischen Schritten, wie wir einen Lebensstil der Anbetung entwickeln können. Jeder Christ, der auf das Erscheinen unseres Herrn wartet, muss sein Herz mit Anbetung auf die Hochzeit vorbereiten. Dies ist ein Handbuch für die Braut, die sich auf die Ankunft des Bräutigams vorbereitet.

Mahesh und Bonnie Chavda

Leitende Pastoren von »All Nations Church«

Robert Stearns gehört zu den klarsten Stimmen, die heute den prophetischen Ratschluss Gottes verkünden. In seinem Buch »Hüter der göttlichen Flamme« fordert er uns zu einem Lebensstil der Anbetung heraus, der über die Erfahrung hinausreicht und in eine Beziehung führt, in der wir Jesus von Angesicht zu Angesicht begegnen. Die Botschaft dieser Seiten ist gereift durch Jahre der persönlichen Erfahrung in Roberts Leben. Das ist es, was ihr solche Authentizität und Autorität verleiht. Die moralische und kulturelle Landschaft Amerikas hat sich dramatisch verändert – und die Gemeinde unterlag allzu oft dem Einfluss der Kultur, statt die Kultur prägend zu durchdringen. Deshalb muss die Gemeinde diese Botschaft hören. Wenn es je eine Zeit gab, in der wir verstehen mussten, wie wir als Gemeinde ein köstlicher Wohlgeruch und Anbeter Gottes sein sollen – dann heute!

Steve Fry

Hauptpastor Belmont Church, Nashville

Herrscht in Ihrem Herz eine Sehnsucht danach, Gott tiefer zu erkennen? Die leidenschaftliche Erkenntnis Gottes ist etwas, das unseren gesamten Lebensweg begleitet; deshalb wird dieses Buch Sie tiefer in die Begegnung mit Gott führen. Robert Stearns ist nicht nur ein guter Freund, sondern auch mein Bruder im Bund des Glaubens, der mein Leben tief berührt hat. Jeder von uns trägt in sich das Verlangen, Gott inniger kennen zu lernen. Die Botschaft dieses Buchs wird das Leben jedes Christen verwandeln, der hungrig danach ist, Gott mehr zu erkennen. »Hüter der göttlichen Flamme« wird Ihr Verständnis der Anbetung verändern und Ihre Sicht weiten, so dass Sie über Ihre Anbetungserfahrung am Sonntagmorgen hinaustreten. Seit drei Jahren brennt diese Botschaft in Roberts Herz und für uns kommt sie als *kairos*. Diese Einladung aus seinem Herzen hat die Kraft zu verändern und wird Sie daran erinnern, dass Anbetungselemente nie das eigentliche Wesen der Anbetung ersetzen können. Sind Sie bereit für dieses Abenteuer eines Lebens wahrer Anbetung?

Sam Hinn

Leitender Pastor des »The Gathering Place Worship Center«,
Orlando, Florida

»Hüter der göttlichen Flamme« ist eine klare prophetische Botschaft an die Gemeinde unserer Generation. Der Heilige Geist fordert uns durch Robert auf, authentische Anbeter zu werden, indem wir die Gegenwart eines heiligen Gottes zur höchsten Priorität in unserem Alltag machen. Dann können wir die Gnade empfangen, echte Beziehungen zu erfahren. Dieses Buch ist sehr zu empfehlen!

Larry Kreider

Internationaler Leiter von DOVE Christian Fellowship Int.,
Ephrata, Pennsylvania

»Hüter der göttlichen Flamme« ist ein Buch, das ich für ein »prophetisches Bild« der Gemeinde halte, die Gott in diesen letzten Tagen auf der Erde bauen will. Es ist ein Buch, das den Leser herausfordert, zu handeln und Entscheidungen zu treffen. Obwohl es sich an einzelne Christen wendet, sehe ich darin einen Aufruf an jeden Pastor und Gemeindeleiter, ein neues Paradigma der Gemeinde Gottes in Betracht zu ziehen.

Interessanterweise schreibt Robert Stearns, einer der dynamischsten Anbetungsleiter der Welt, nicht darüber, wie man Lobpreis leitet oder wie man die eigene Gemeinde zu einer Anbetungsgemeinschaft von Christen entwickelt. Er erwähnt weder Methoden noch liturgische Ausdrucksformen des Lobpreises, sondern spricht davon, wie man einen Lebensstil der Anbetung entwickelt – einer Anbetung, die »Gott wohlgefällig« ist.

Tommy Reid

Pastor The Tabernacle, Buffalo, New York

Gott ist ein verzehrendes Feuer und die Flammen seiner Ehrfurcht gebietenden Gegenwart kommen Ihnen näher! Dieses Buch wird Sie tiefer in die Erkenntnis einer Gott wohlgefälligen Anbetung führen als je zuvor. Stellen Sie sich darauf ein, Feuer zu fangen!

Dr. Dick Eastman

Internationaler Leiter von »Every Home For Christ«

Mit durchdringender Einsicht erschließt »Hüter der göttlichen Flamme« dem Leser eine tiefere Vision dessen, was wahre Fürbitte und Anbetung ausmacht. Mit der Stimme eines Pioniers spornt Robert Stearns Sie an, in das Feuer der Gegenwart Gottes zu kommen und zu einem Gefäß verwandelt zu werden, das Gottes Wege kennt und den Charakter zu entwickeln, das Feuer in sich zu tragen. Eine notwendige Botschaft für unsere Zeit!

James W. Goll

Mitgründer von »Ministry to the Nations«

Dieses Buch ist ein Schophar-Ruf, unsere priesterliche Verantwortung für den Altar, für das wohlgefällige Opfer, das wir Gott darbringen, und für das Feuer ernst zu nehmen.

Dr. David Schroeder

Leiter von »Nyack College and ATS«

Dies ist mehr als ein Buch über Anbetung. »Hüter der göttlichen Flamme« entfacht Ihr Feuer, damit Sie den Lauf mit übernatürlicher, reicher Gnade laufen können und eine Freude erfahren, die überwindende Kraft freisetzt!

Chuck Pierce

Leiter von »Glory of Zion Ministries International«

Robert Stearns hat eine der wichtigsten Offenbarungen über eine innige Vertrautheit mit Gott in der Anbetung erfasst und bietet praktische Einsichten und Prinzipien für die bleibende Gegenwart Gottes in Ihrem täglichen Leben. Dies ist ein Muss für ein Herz, das sich verzweifelt nach Gottes Gegenwart sehnt.

Dr. Myles Munroe

Bahamas Faith Ministries International

teamwork 17.12

Verlag, Musik + Handel GmbH

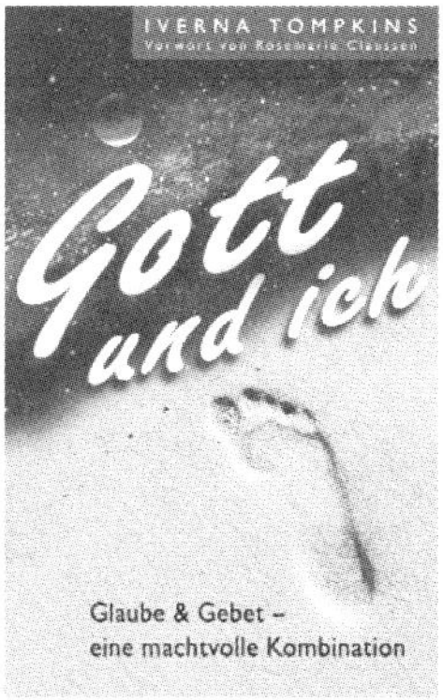